La receta del éxito

Juan Manuel Barrientos

La receta del éxito

40 claves para convertirse
en un emprendedor exitoso

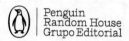

Título: *La receta del éxito*

Primera reimpresión: noviembre, 2018
Quinta reimpresión: octubre, 2020
Sexta reimpresión: julio, 2021
Séptima reimpresión: febrero, 2022

© 2018, Juan Manuel Barrientos
© Fotografías de cubierta y solapa: Mario Alzate,
Ilustraciones modificadas de páginas interiores: Vecteezy y Freepik

© 2018, de la presente edición en castellano para todo el mundo:
Penguin Random House Grupo Editorial, S. A. S.
Carrera 7ª No.75-51. Piso 7, Bogotá, D. C., Colombia
PBX: (57-1) 743-0700

Impreso en Colombia - *Printed in Colombia*

ISBN: 978-958-5425-75-0

Compuesto en caracteres Baskerville

Impreso por Editorial Nomos, S.A.

Contenido

Dedicatoria 9

Prólogo 11

Introducción: El mundo requiere más locos 15

De cero a Elcielo 19

Fundación Elcielo 49

40 Claves para emprender 51

   1. Sí 53

   2. No 55

   3. Emprender 58

   4. Espiritualidad 61

   5. El ego 67

   6. Ser buena gente 69

   7. Cuenta los sueños… no las ideas 71

   8. Viaja 73

   9. Ser nerd es cool 76

   10. Educación vs. Escolarización 78

   11. Cómo trabajar en familia y no destruirla en el intento 84

   12. Buen emprendedor 90

   13. Mal emprendedor 94

   14. El fracaso y la derrota 97

   15. El arte de lo posible 99

16. Aprende a vender…te 103

17. Aprende a fallar 107

18. Aprende a aprender y ten actitud 110

19. Aprende a soñar 114

20. No seas realista… al soñar. 121

21. Sé realista… al planear 125

22. Crea. 128

23. Ámalo tanto que lo valga todo. 131

24. El poder de la experiencia 133

25. El poder de la ignorancia. 137

26. Estrategia… cómo planear un negocio 139

27. Táctica… cómo ejecutar un negocio. 143

28. La edad para montar tu propio negocio 145

29. Las preguntas correctas 150

30. Los socios 168

31. El Excel puede con todo 175

32. Lo muy bueno es enemigo de lo bueno 177

33. La excelencia 179

34. La forma más fácil de quebrarse es creciendo. 181

35. Cómo pedir un préstamo sin flujo de caja. 183

36. Somos los micos mojados. 185

37. El éxito 188

38. De emprendedor a empresario 190

39. Reflexiones y frases 193

40. La receta del éxito 198

DEDICATORIA

A mi familia.

A mi padre Juan; fue con él que aprendí todos estos consejos que leerán en este libro: cuando solo tenía 12 años, estaba rodeando los límites entre la niñez y la adolescencia; él me llevó a su oficina, y viéndolo trabajar me enseñó con su ejemplo a ser el hombre que soy. Su entereza, transparencia, estoicismo y tenacidad son valores que llevo marcados en mi corazón. Siempre has sido y serás el hombre que más admiro.

A mi madre Gloria, que me enseñó a meditar, tomar conciencia, reconocer y aprender de mis errores y a actuar siempre con amor.

A Caty y Sara, mis hermanas y mejores amigas.

A Valen, mi mejor amigo.

A Miranda, por tu locura y tus sonrisas.

A Moi y Manuel, mis nuevos hermanos…

Y a Manu y Azul, son mi todo, mi felicidad, mi amor y mi hogar donde quiera que estemos los tres.

A mis amigos Cata, Margarita, Yei, Ángel, Tomás, Sebas, Dany, Kris, Mario, Carlos, Jürgen, Diego, David, Fede, Gio, Pedro, que se han convertido, más que en amigos, en hermanos.

A todos los que han creído en mí y se han convertido en familia, a ellos, a todos, no solo les dedico este libro, sino que les agradezco por compartir mi vida…

A ti.

Este libro es para ti, que eres joven, no de edad sino de mente y espíritu, para ti que sueñas con realizarte, que sientes esa fuerza en tu corazón, este libro es para ti, son mis conocimientos, mis vivencias, mis herramientas, que he decidido compartir contigo para que los uses y vivas tus sueños; el reto de este libro no fue compartir mis secretos pues quienes me conocen saben que siempre comparto mis conocimientos, tampoco fueron las ideas porque son una recopilación de la vida y de casi veinte años de experiencia laboral. Mi reto fue organizarlos en un orden que pudieras entenderlos. Espero que lo disfrutes.

PRÓLOGO

Por Carlos Raúl Yepes

No sé por qué Juanma le dedicó tanto tiempo a escribir este libro, por qué cuenta tantas historias, por qué hace mención de tantas anécdotas y situaciones personales, por qué hace tanto esfuerzo en tratar de explicar su "versión de los hechos", si desde las primeras páginas está la respuesta al título de este libro, y no solo al título, sino también a todas esas preguntas que uno se hace en una búsqueda insaciable y desenfrenada de respuestas, de respuestas que lo dejen a uno tranquilo, con las que se identifique, respuestas que sienta y que desee seguir y poner en práctica. Como el mismo Juanma lo dice, la receta del éxito, para un chef acostumbrado a probar lo sabores de los sueños hechos realidad, está en tres ingredientes infaltables en cualquier cocina de la vida: la familia, la paz interior y la felicidad.

Por ahí vamos encontrando las pistas de lo que quiere cocinar este amigo irreverente, desafiante, auténtico, sensible y espontáneo. Por eso este libro, a lo largo de cada una de sus páginas, de sus frases, y de cada uno de sus consejos, es una invitación a sentarnos a manteles, en un diálogo abierto que crea y recrea su propio lenguaje, el lenguaje del amor. Ese amor que se vuelve un ingrediente esencial para cualquier receta que se quiera poner en práctica, en este caso la receta del éxito. No puede haber éxito sin amor, el amor no puede ser una pizca, porque siempre "llenarse de amor", como refiere Juanma lo dicho por Gloria, su madre, le dará el sabor y el toque a cualquier plato que se quiera cocinar en el mundo de las personas.

Esa máquina de ideas, esa hiperactividad de Juanma, es la que ahora tenemos en nuestra manos; a pesar de su juventud, son las recetas de la abuela, pues combina experiencia con conocimientos esas recetas que nos llenan de esperanza por un mundo mejor, donde seamos capaces de pensar en el otro y ponernos en sus zapatos, donde prevalece un sueño que, por sencillo, no deja de ser potente, y es el de "Ser Buena Gente". Ahí radica esa conexión de Juanma y lo que piensa con el mensaje y la invitación que nos hace a disfrutar los sentidos, a soñar, a emprender y a trabajar. No se equivoca cuando adiciona su receta diciéndonos que el "trabajo duro y honesto es el camino más corto al éxito".

Cómo creer en los demás si no se cree en uno mismo; cómo conocer a los demás si no se conoce a uno mismo; cómo gerenciar a los demás si no me gerencio a mí mismo. Acostumbrado Juanma a mezclar sabores, ahora nos mezcla valores: el valor de la espiritualidad, de la inteligencia emocional y del sentido común, que no se enseñan sino que se practican; el valor de la fortaleza y la determinación, el valor de tener conciencia de mis propios actos, el valor de tener una vida con sentido y con propósito.

La vida, como la cocina, es un arte, vivir como cocinar es un desafío; y aquí está la receta, saberlo hacer, saber conectarse con los demás para lograrlo, tener algo inmenso y mágico en qué creer y buscarlo incansablemente, establecer un equilibrio entre lo material y lo espiritual, aprender ese arte de lo imposible, pero que juntos, nos movemos, nos movilizamos y lo logramos.

Puede que en el libro no se encuentren muchas "respuestas", pero sí se encuentran muchas preguntas, un recetario que estimula a indagar, a cuestionar y a buscar. Juanma buscó en Google "¿cómo empezar un libro?", y en dos millones de resultados de la búsqueda no encontró la respuesta. Y simplemente no la encontró porque en la vida, las respuestas que valen la pena, que crean valor, que nos enseñan la magia de vivir, de sentir, de disfrutar y de ser feliz, no están allí, no están afuera, solo existen y están dentro de cada uno de nosotros. Esta es la esencia, saber parar a pensar, a pensar en nosotros mismos y en lo que queremos, en buscarlo, y lo más importante, en alcanzarlo.

Esta es la receta del éxito que Juanma, generosamente, nos comparte: llénate de amor, ponte en los zapatos del otro, ten paz interior, sé feliz, y por encima de todo, tu familia. Este libro es eso, una enseñanza para preparar y cocinar los ingredientes de la vida. La mesa está servida.

INTRODUCCIÓN

EL MUNDO REQUIERE MÁS LOCOS

Por Jürgen Klarić

Durante muchos años trabajamos mental y económicamente para llegar a una cena de familia y decirle a nuestra familia que vamos a emprender, y en la gran mayoría de los casos esto es lo que sucede:

"¡Emprender!".

—¡Si a ti te va muy bien como empleado!

—Además la situación económica no es la mejor.

—No pierdas la oportunidad, te va bien en tu trabajo.

—¡Emprender es muy difícil!

Y tú sufres una frustración y decepción por falta de apoyo.

Y muchas veces esto es lo que hace que no tomes el primer paso para hacerlo.

Emprender es un deporte extremo, no es para todos, pero todos pueden lograrlo si realmente quieren.

Sin embargo uno debe estar preparado en muchos ámbitos para lograrlo, y menos del 7% de los emprendedores están preparados, pero ellos se preparan en el camino como lo hemos hecho Juanma y yo.

Aprender, sufrir, equivocarte y hasta quebrarte son paradas obligadas de todo emprendedor que ha llegado a la cima, y llegar a la cima es de las cosas más sublimes que he sentido.

Pero jamás deberías hacerte a la idea que emprender es libertad; por el contrario, son 24 horas al día, 365 días al año, por lo menos los primeros cinco años. Probablemente la gente no creerá en ti, y es por esto que tú debes creer en ti más que nunca, y seguramente el dinero te faltará al emprender, incluso si consigues inversionistas. Ser valiente y entusiasta son valores fundamentales para iniciar esta maravillosa travesía.

Juanma es ese amigo y empresario que vivió igual que yo este proceso en carne y hueso; durante nuestros años de amistad he tenido la oportunidad de asesorar y compartir con él mis conocimientos, recibir los suyos, y lo he visto de cerca —con gran proeza, inteligencia, astucia y valentía— asumir los retos más admirables. Él puede dar de comer a miles de manera extraordinaria y puede hacer cosas muy grandes, como su nuevo hotel, que es igual o aun más maravilloso que sus restaurantes.

Juanma en este libro te explica de forma práctica y clara, como lo es él, cómo ser un emprendedor exitoso.

Este libro es la herramienta básica para todo aquel que quiere ser un emprendedor exitoso.

Es un libro escrito por un chef, empresario, restaurantero, que te enseña que tú debes destacarte en múltiples disciplinas alrededor de tu negocio para ser exitoso, así como él es experto en cocina, diseño, creatividad, logística, recursos humanos, financiero, inversiones, comunicaciones, y hoy algo clave: redes sociales, y él sí que sabe de todo esto.

Mi segunda quiebra fue precisamente haciendo un restaurante, y no se imaginan lo valioso que hubiese sido leer este libro antes. Aprende de los grandes, aprende de la gente que hoy está innovando la forma de emprender, de crear empresa, cualquiera que sea; por eso aprende de Juanma, de este loco que es un genio para los negocios y seguro te ayudará a lograr tus sueños.

El mundo requiere más locos innovadores, ¡conviértete en uno!

DE CERO A ELCIELO

Cuando consulté Google en la web sobre cómo empezar un libro aparecieron en el navegador dos millones de links en el resultado de la búsqueda, y entre todos ellos no encontré la respuesta que esperaba; siendo sincero ¿quién no utiliza Google para mirar una receta, un consejo práctico, o cualquier cosa que no sepa? Esta parte (el principio del libro) es lo último que estoy escribiendo. Sus capítulos están listos esperando que los leas, y consisten en 40 claves o ingredientes que conforman la que considero mi receta personal, con la que descubrí cómo disfrutar con todos mis sentidos el sabor particular del éxito. Los puntos ya los tenía superclaros desde el momento en que decidí escribirlo, simplemente porque son fruto de mi propia experiencia, describen mi punto de vista, pero para esta parte en cómo comenzar un libro soy inexperto.

Antes de empezar a leer el libro consigue un lapicero y mantenlo a la mano, ráyalo, subráyalo y anota las ideas que se te vengan a la cabeza mientras lo lees; este no es un libro de un escritor de libros para ser leído, este es un libro de un soñador, emprendedor, trabajador y hoy empresario, para ser el detonante de tu creatividad, y si lo logra, ser tu guía para hacer tus sueños realidad. Si alguna vez lees el libro y quieres preguntarme algo, puedes seguirme en Instagram, @juanmaelcielo, mandarme un mensaje directo y procuraré, en la medida de mis posibilidades, responderte.

Tú eres tus sueños, tus metas, tus decisiones, tus actos, tus pensamientos, tus sentimientos y, sobre todo, tu actitud frente a la vida. La idea de este libro es que aclares esto, principalmente tus sueños, porque ellos son tu motor, y quiero que esta herramienta te ayude a encontrar tus verdaderos sueños, los que serán el motor de tu vida, y ese es el fin de este libro. Espero que lo logres. Yo solo seré una especie de guía; eres tú quien recorrerá el camino.

Este libro es para soñadores: llámate como quieras, todos lo somos; emprendedores, negociantes, líderes, empleados, desempleados y felices desempleados, amas de casa, estudiantes, y cualquier persona que quiera aprender a conocerse desde adentro y de paso ilustrarse con algunas de mis experiencias como persona, como soñador, como cocinero, como empresario, y en especial como emprendedor.

Sin embargo, no te confundas: este no es un libro de autoayuda, y aunque espero motivarte, tampoco es de motivación pues es un manual de experiencias y realidades que muchas veces te aterrizarán en realidades que se enfrentan a la ingenuidad. No tiene fórmulas extrañas, bueno, algo raras, más bien lógicas, pero con una perspectiva diferente de la vida. Aun si lees este libro probablemente vas a volver a caer, solo que intentaré compartir contigo experiencias que, primero, eviten que, aunque caigas, lo hagas tan rápido, o que en la caída no te des muy duro, y dos, para que te levantes rápido, te limpies las lágrimas, te suenes la nariz y sigas. Recuerda lo que dice Willie Colón en una de sus canciones: "Nadie vendrá a cambiarte el pañal".

Parte de evolucionar como ser de conciencia, como empresario y como ciudadano es *autocriticarte*. ¡Sí! La autocrítica, el examen general de los jesuitas o la meditación con la que toman conciencia los hinduistas y budistas, en esencia, se refieren al mismo ejercicio: *Cierra los ojos, toma conciencia, enfréntate, acéptate, transfórmate y evoluciona.* Sobre esto ahondaré unos *tips* más adelante.

Como ejemplo de este ejercicio, acá va mi autocrítica.

Soy egocéntrico, confundo muchas veces lo práctico con lo facilista, soy demasiado intenso, soy demasiado impaciente, soy *workohólico*; mi padre dice que no tengo límites, soy sarcástico; soy molestamente sincero, no tengo filtros para decir las cosas. Soy sumamente adaptable al cambio, pero paradójicamente no cambio mi forma de ser en los círculos sociales, y eso molesta pues soy uno siempre, no soy complaciente, en el sentido de lo políticamente correcto, odio la palabra *no*, tengo la absoluta incapacidad de ajustarme a sistemas predeterminados, es decir, instituciones, colegios universidades, etcétera. Tengo un serio problema con la autoridad, salvo que la autoridad sea *yo*, jajaja, y aunque creía que tenía déficit de atención terminé descubriendo que tengo atención extrema selectiva para las cosas que amo y me importan y al otro 99% de las cosas no les presto atención. Sobre esto vale la pena agregar: Einstein decía que si quieres evitar las críticas, la mejor forma es no hacer nada, no inventar nada y no ser nadie.

Otra confesión: mi mayor frustración es no tener ritmo para bailar salsa; también me hubiera gustado tocar piano, pero no coordino ningún ritmo, ni en una clase de *spinning*. Como no tengo ritmo, mi vida es arrítmica; no hay rutinas, no hay ciclos, vivo en tres ciudades o tengo un poco de ropa en cada lado. Hago más de cien vuelos al año y voy a treinta ciudades y doce países. Jamás me acuesto, me levanto, me alimento o trabajo igual, todos los días hay cambios y son distintos en la inexistente rutina de mi vida y esto me hace feliz; por eso concluí que probablemente jamás tenga ritmo. Este libro lo escribí en el *block* de notas del celular durante cuatro años, casi siempre estando en salas de espera de los aeropuertos o en una habitación oscura sufriendo el *jet lag*, hasta quedarme dormido literalmente con el celular cayendo sobre mi cara, aunque debo confesar que el nacimiento de mi hija Azul le ha dado cierto orden a mi vida que también amo, porque ella es lo mejor que me ha pasado en la vida.

Mis padres me enseñaron a meditar y tomar conciencia de mis actos, a hacerme responsable de mis accionar, así que fueron pocos los permisos que les tuve que pedir, pues entre nosotros se trató más de compartirles mis propias decisiones basadas en la conciencia; esa forma particular de ser de ellos, esa crianza, ha sido lo mejor que me ha pasado.

Aunque no soy el "emprendedor" típico, la gente me ha encasillado o bautizado con esa palabra, me considero un soñador con una absoluta capacidad de trabajar hasta hacer realidad mis sueños. No quiero que creas que porque tengo un negocio exitoso de restaurantes, mi receta del éxito es producir dinero o hacer empresa porque sí, porque cuando hablo de éxito no hablo de dinero, ni reconocimiento, ni de negocios, así que si crees que en este libro intentaré contarte cómo hacer más dinero es mejor que no gastes tu tiempo. Para mí el verdadero éxito de la vida son la familia, la paz interior y la corta distancia que existe entre mis sueños y mi realidad, y ser feliz... ¡He aquí mi receta del éxito!

Me animé a escribir este libro pues cientos de jóvenes de mente y espíritu —pues para eso no hay edad—, con ganas de emprender, salir adelante, realizarse y hacer sus sueños realidad, se me han acercado en mis conferencias, eventos, a través de las redes sociales, e incluso hasta en la calle, preguntando cómo lo hice, cuál es mi secreto, en qué radica mi éxito. Si no quieres leer este libro, la respuesta más corta se resume en: la familia, la constancia, la pasión y los sueños.

«Me considero
un soñador con una
absoluta capacidad
de trabajar hasta
hacer realidad
mis sueños».

Un poco de mí

Nací el 16 de junio de 1983 en Medellín. Como muchos colombianos, mis abuelos venían del campo y se asentaron en la ciudad; mi abuelo materno era de Concepción (la Concha), Antioquia, ganadero y propietario de una joyería, y mi abuelo paterno era de Fredonia (Antioquia), cafetero y odontólogo. Pasé el tiempo de mi niñez entre el campo y la ciudad, viendo a mis padres y abuelos trabajar haciendo empresa.

Hoy mis padres llevan 38 años de casados y 43 juntos, y gracias a Dios lo he tenido todo: una familia inquebrantable y llena de amor. Me criaron un héroe y un ángel. Vi nacer a mis dos hermanas, en el parto de cada una me vistieron de médico y me entraron a un cuarto con una bañera, velas y música de relajación. Recuerden que eran fines de los 80, y mi madre ya practicaba yoga. De mi parte les cuento que soy un "mal parido": todo estaba listo para yo nacer, el 15 de junio de 1983 —la bañera, las velas y la música—. Apenas mi mamá rompió fuente se fueron a la Casa del Parto. Cuando llegaron, yo saqué media cabeza, el 15 de junio a las 11 de la noche; parece que era muy necio, hasta en la barriga, porque venía volteado y con el cordón enredado. Cuando el médico se dio cuenta me devolvió para dentro, entonces el médico dijo: "Hay que salir ya para el hospital, lo tenemos que sacar por cesárea". Cuatro horas después nací, el 16 de junio de 1983 a las 3 de la mañana, en la Clínica del Rosario del centro de Medellín.

Casi no me van a creer: mi papá entró, me vio y sonrió, salió llorando y le dijo a mi abuela que yo era *muy* feo. Porque por el primer nacimiento fallido y la consecuente vuelta al vientre se me había enconado la cabeza y parecía un *conehead* —un cabeza de cono—. "Eso se asienta, les dijo el médico"; además nací pelinegro con los ojos oscuros, y para cuando cumplí un año era rubio con ojos azules y como a los cinco años, el pelo se me puso más oscuros y los ojos se me pusieron verdes, jajajaja, muy raro. Mi padre aún hoy niega haber llorado porque yo le parecí muy feo, jajajajaj. Fue mi abuela paterna quien antes de morir me lo contó; en fin, la cabeza se me asentó.

Ahora entiendo todo: los chinos dicen que si uno hace una regresión al día del nacimiento entiende muchos aspectos de su vida; a mí nadie me ha regresado más que las historias de mi familia, pero son suficientes para entender mi personalidad. Analicémoslo así: soy necio desde que estaba en la barriga, nunca me quedo quieto pero me gusta meditar con velas y la música relajante, y meditar es mi religión —encontrarme conmigo mismo adentro—, pero por otro lado siempre voy al grano, soy intenso y enérgico como la segunda parte de mi parto. Por eso y más, mi familia es mi centro. Ahora todo es más claro.

Fui el primero de los sobrinos, pues aunque tenía unos primos mayores por parte de mi mamá en Bogotá, nunca los veía, pero por el lado de mi padre fui el primero. Desde que tengo uso de razón tengo botas y navaja para andar por el monte. Día a día me subía a un árbol de mangos o mandarinas, y para estar más cómodo construía una casa en el árbol; cuando tenía como ocho años salía de la finca al cafetal a recoger zapotes maduros del piso, y las mandarinas las bajábamos subiéndonos al árbol, al igual que las naranjas tangelo y las guamas. Los mangos los bajábamos a pedradas, y las ciruelas eran las más difíciles; los madroños solo daban frutos una vez al año y sacudíamos ese pobre árbol como terremoto para que cayeran los más maduros; en los guayabos buscábamos las guayabas pintonas para comer y las más maduras se las llevaba a mi abuela para que hiciera dulce, o como dicen en Antioquia, *bocadillo*.

Recuerdo que los campesinos nos daban cardamomo para el aliento, pues los chicles en el campo colombiano en los 80 no eran muy comunes; recuerdo que era cuando con mi abuelo íbamos a caballo al filo del cafetal, bajábamos chirimoya, la reina de las frutas. De las guamas guardábamos las pepas, que son lisas, para tirarlas con las caucheras que hacíamos de madera de guayabo o de naranjo, las dos mejores maderas para las caucheras (resorteras); también cogíamos nísperos, pero en la infancia me parecían bien astringentes; ahora sí me gusta mucho este fruto.

Les cuento todo eso porque fue allí entre frutas, tajadas de maduro y fritanga con papas donde nació mi amor por la comida, y quizá de allí mi amor por cocinar…: *haz lo que amas*, nada más que eso. Por el amor a la familia amé cocinar, y haciendo caso a mi lema empecé esta realidad llamada Elcielo, un negocio exitoso de la restauración que alguna vez fue solo un sueño.

Durante mis vacaciones escolares solía ir a sus fincas; recuerdo levantarme al amanecer para ir a ver el ordeño o ensillar los caballos y subir a la montaña a recoger café, bajar a despulparlo, beneficiarlo y después ir, alrededor de las cuatro de la tarde, con mi abuelo en su jeep verde al pueblo a vender el café. Al final de la jornada él me pagaba 1.000 pesos y me invitaba a comer un helado a la esquina del pueblo y luego íbamos a una ferretería que se llamaba Los Vargas, donde solía comprar botas y navajas para pelar frutas; recuerdo que mi pasatiempo favorito era trepar árboles, especialmente los de frutas.

Aunque tuve una niñez muy feliz, al igual que todos los colombianos crecí en medio del temor de la guerra. Era la época de la violencia producto del narcotráfico y la guerrilla. En 1989, cuando tenía seis años, en un momento sorpresivo, y para el que no estábamos preparados, a mi familia y a mí nos tocó irnos exiliados a Londres (Inglaterra). Asesinaron a un socio de mi padre y nosotros estábamos amenazados. Él era abogado y en esa época cualquier miembro de esa profesión ponía su vida en peligro cada vez que presentaba un caso, pues para muchos delincuentes la solución era matar al abogado.

De ese año recuerdo que nos tocó comer huevo todas las noches, algunas con maicitos, de ahí mi amor por estos, porque ni mi papá ni mi mamá tenían permiso para trabajar y teníamos apenas lo justo. Mi padre estudiaba inglés y mi mamá nos llevaba a mi hermana y a mí a una guardería con énfasis artístico; allí veíamos clases de escultura con arcilla, pintura y natación. En los ratos libres recorríamos la ciudad y sus alrededores.

A mis padres se les acabó el poco dinero que teníamos, así que volvimos a Bogotá; no tengo buenos recuerdos de esa época porque en el colegio nos hacían usar corbata, era religioso, y nos hacían almorzar a todos lo mismo. Un par de años más tarde volvimos a Medellín sin mi padre, quien se quedó trabajando en la capital, por el peligro y las amenazas de su profesión. Mi padre decidió dejar de ejercer el Derecho y se fue a trabajar al sector financiero; tres años después finalmente pudo regresar a Medellín del todo con nosotros. Allí trabajó en una empresa bananera hasta que en 1994 fundó su primera empresa.

Esa época la recuerdo bien. El miedo por la violencia rodeaba a los colombianos y era acrecentado por el terrorismo psicológico que se vivía, cuando nos enterábamos por las noticias de todos los sucesos del país. Recuerdo que cuando tenía ocho años me tocó presenciar la explosión de una bomba en Almacentro, lugar donde mi tía tenía una joyería.

Me tocó también sentir la explosión de una bomba que detonaron en el restaurante La Bella Época; estaba en el edificio de al lado, y cuando apenas había ocurrido el atentado amenazaron de bomba a nuestro edificio y terminamos nosotros, junto con todos los residentes de las tres torres de edificios, en la calle hasta las cuatro de la mañana mientras el comando antibombas revisaba todo.

Una vez la guerrilla del ELN trató de asesinar a mi abuelo porque no quería pagar una extorsión. Como lograron avisarle cinco minutos antes de que llegara la guerrilla, nos pudimos volar por otra entrada de la finca. Eso fue muy duro porque él nos montó a mis hermanas, a mi mamá y a mí en el carro, y me puso la tarea de mirar si veía venir a alguien detrás de nosotros. Pasamos más de seis horas huyendo, por carretera destapada, sin poder avisarle a la familia pues en esta época no existían los teléfonos móviles.

Es por eso que desde ese tiempo he sentido una gran admiración y una gran deuda hacia todos los soldados y policías de Colombia. Ellos no se rindieron en el momento en que el narcotráfico, la guerrilla y los políticos corruptos intentaron desdibujar el país, y fue la razón por la que desde el momento que abrí Elcielo en el 2007, abrí la Fundación Elcielo para ayudar soldados y policías heridos en la guerra.

Pasé por seis colegios, uno en Londres, otro en Bogotá, otro en Houston y tres más en Medellín, y por cuatro universidades, una en Argentina, dos de ingeniería, y de la última, de cocina, me echaron, así que nunca me gradué como profesional. Siempre fui inquieto, cansón y necio. Fue así como un día en el colegio me diagnosticaron hiperactividad y déficit de atención. Mis padres han sido emprendedores toda su vida, compraban una casa, la remodelaban, o la construían y luego la vendían. Debido a estas mudanzas y estos cambios, cuando tenía 14 años ya me había mudado catorce veces de casa; creo que sin darme cuenta, los cambios, tanto de colegio como de casa, me convirtieron en un nómada, siempre en movimiento y siempre adaptándome a los cambios.

Cuando tenía 12 años comencé a generar conflictos por todo. Por un lado era muy necio e hiperactivo, y por otro tenía muchos miedos por las bombas y la violencia; incluso me daba miedo dormir con la luz apagada. Empecé a tener problemas, a rechazar la autoridad, y me negaba a aceptar los estándares del colegio. Fue justo en esa época que me pasaron algunos hechos increíbles que cambiaron mi vida, grandes regalos de la vida que llegaron a través de mis padres.

Mi madre es un ser muy especial. Aunque es espiritual, nunca ha sido religiosa, y esa es una de las cosas que más ha marcado mi vida; yo percibí que, al contrario de las otras mamás, ella ni iba a misa, tampoco nos hacía ir a rezar, lo cual era bastante extraño y me lo cuestionaba mucho pues estudiábamos en un colegio católico bastante religioso.

Por esa época, un día mi madre me enseñó a meditar y luego me llevó a hacer yoga. Recuerdo que cuando llegamos a la primera clase de yoga, el apartamento de la maestra estaba completamente vacío y en la sala solo veías cinco esteras, un cojín y la foto de un yogui. En la cocina había una olla, una resistencia sola conectada a una toma, dos vasos, dos cucharas, un tenedor y dos cuchillos. No había absolutamente nada más. Y en su habitación había una colchoneta delgadita, otro cojín y la foto de otro yogui. Recuerdo que ella vestía una manta naranja y yo era el único niño en la clase.

«Crea tu propia
espiritualidad para
que tengas tu
propia religión y tus
propias creencias».

Al final de la clase le pregunté a la maestra: "¿Y tú por qué no tienes muebles acá?". Y ella me preguntó lo mismo: "¿Y tú por qué no tienes muebles acá?". Yo le respondí: "Yo estoy de paso, estoy de visita"; a lo que ella me respondió: "Yo en esta vida también estoy de paso, estoy de visita". Esa respuesta es una de las grandes reflexiones que me ha quedado en la vida.

Hoy creo que acumular bienes materiales no es malo, así seas una persona espiritual; sin embargo, no considero que esto deba ser el fin máximo de la existencia, y dichos bienes deben ser en cambio el medio para acumular experiencias, viajes e historias, creo firmemente en tener una vida donde lo des todo de ti; cuando trabajas debes tratar de ganar el máximo dinero posible, para poder acceder a comodidades, gustos y viajes. Cuando meditas y tomas conciencia debes procurar enfrentar tus miedos, trascender tu ego y tomar conciencia de tus actos; en mi opinión, el secreto es mantener un equilibrio entre todos los estadios de tu vida, dando siempre lo mejor de ti en cada uno de ellos.

Creo que debemos permitir que sean la conciencia de nuestros actos y la paz interior que sintamos al realizarlos las que mantengan un equilibro entre lo espiritual y lo material. Esta conclusión que hoy determina mi vida se inicia con las experiencias espirituales y materiales de mi niñez. Entonces le pregunté a mi madre sobre religión, a lo que ella me respondió: "La religión, cualquiera que sea, es la interpretación de la espiritualidad de otro ser humano. Crea tu propia espiritualidad para que tengas tu propia religión y tus propias creencias". En ese momento comencé a cuestionar todas las religiones y a fortalecer mi espiritualidad, empecé a meditar, a conocerme a mí mismo y enfrentar mis miedos. Así comencé a estructurar mi propia forma de creer en Dios; hoy no creo en un Dios superior, creo en un Dios Total del cual soy parte, al igual que tú. Todo y todos somos Dios, y es nuestro nivel de conciencia lo que le permite a nuestro ser brillar más, es lo que la ciencia llama Cosmos, "todo lo que fue, es y será" pero con la conciencia del espíritu.

Cuando mis hermanas y yo nos pasamos para otro colegio, llamado Fontán, a los 14 o 15 años, mi madre hizo que me enseñaran todas las religiones y teologías, y pidió que lo hicieran sin hacerme un énfasis en la religión católica o cristiana, y hoy respeto profundamente las diferentes creencias de cada ser humano, pero discrepo de muchísimos actos de los hombres en nombre de la religión.

Otra gran enseñanza de mi infancia alrededor de los 12 años, la recuerdo junto con mi padre en la finca cafetera de mi abuelo, en Fredonia; caminábamos por una hilera de eucaliptos que marcaban la entrada de la finca, y recuerdo pedirle permiso para montarme en un árbol, a lo que él me respondió: "A partir de este momento has dejado de ser un niño y te has convertido en un hombre. Así que todas las decisiones que tomes en tu vida de ahora en adelante son tu responsabilidad. Yo estoy aquí para apoyarte y para ser tu amigo, pero tú ya no tienes que volver a pedirme permiso nunca más".

Que tus padres a tus 12 años dejen de mandarte para convertirse en tus amigos y que te hagan responsable de tu vida, de tus decisiones, y te quiten la obligación de creer en algo externo para creer en tu interior son, en mi opinión, los fundamentos de quien soy hoy.

Recuerdo esos extraordinarios días entre cafetales y árboles de frutas. Me montaba en los árboles para hacer casas de madera, acampar; también solía pescar y hacer fogatas. Recuerdo la primera vez que cociné, aunque, para ser franco, jamás me imaginé que en el futuro me iría a ganar la vida de esta manera.

Fue en Fredonia, en la cocina de mi abuela, donde solía robarle las tajadas de maduro antes del almuerzo. Ella resolvió tener dos platos mientras las freían; así la bandeja paisa salía completa, pues un domingo cualquiera me comí todas las tajadas del almuerzo de doce personas; a medida que iban sacándolas del aceite tenían un plato escondido para toda la familia y dejaban uno de señuelo al lado de la olla porque sabían que me las comería todas. Hoy sabemos que todos los seres humanos tenemos un sabor que nos transporta a la infancia. El mío es el del plátano maduro frito.

Un día tomé una olla, aceite, unos plátanos, unas papas; me fui a la parte de atrás de la finca a hacer una fogata, y a freír las papas y las tajadas. Las tajadas me las comí, pero las papas quedaron medio crudas y mal hechas; las puse en unos platos pequeños y se las vendí a mis tíos, con esa vena de paisa que nos caracteriza de no perder una oportunidad para hacer negocios. Pero faltarían algunos años para que volvieran estas dos pasiones, la de cocinar y hacer negocios, a encontrarse en Elcielo.

Ante el desafío de mi padre de tomar mis propias decisiones, escogí tener una actitud positiva. Entonces, cuando llegaron las próximas vacaciones decidí no pasarlas jugando con mis amigos y le dije a mi padre que me iría a trabajar con él a su oficina, pues desde pequeño fui testigo de cómo mi papá trabajaba y cómo negociaba.

Él siempre ha sido emprendedor y ha tenido empresas de comercialización de productos como cartón, plásticos e insumos agroindustriales. Distribuíamos más de seiscientas referencias de productos distintos. Un día me dijo: "Antes de empezar a trabajar de verdad debes aprender cómo se hacen las cosas"; desde entonces, cada vez que él iba a una fábrica me invitaba a ver paso a paso el proceso productivo de cientos de productos, a atender su creación, diseño, embalaje. En general, a comprender cómo se hacen las cosas. Haber visto cómo se hacían un clavo, unas tijeras, un tarro de champú, una bolsa, una llanta, entre otros, despertó mi curiosidad, creatividad y sentido común; tengo cuentas de haber visitado más de cien fábricas, lo cual creo que potenció mi inteligencia y sentido común.

A los 14 años cambié una vez más de colegio, y a los 16 otra vez. Seguía siendo muy necio y le decían a mi madre que padecía un caso severo de déficit de atención e hiperactividad. Le sugirieron usar drogas psiquiátricas como las que utilizan hoy cientos de colegios para tener a sus alumnos atentos, a lo que ella se negó rotundamente. Gran favor el que me hizo.

Pensando en eso hoy, a los 35 años, creo que prescribirles eso a los niños es matar un hijo o un alumno lentamente, mejor dales un cigarrillo en el recreo. Los padres hoy dan de desayuno a sus hijos grandes cantidades de azúcar, harinas refinadas en los *waffles*, *pancakes* o *croissants*, a lo que le ponen sirope, y lo pasan con un jugo lleno de azúcar, sin hablar de la lonchera; esto activa el cerebro de formas parecidas a muchas drogas, luego el niño llega al colegio hiperactivo, no pone atención a una clase aburrida y el profesor pide que le prescriban droga para atender a la clase, lo cual, en la mitad de su éxtasis de azúcar, lo duerme, lo *atombola* y lo frena, sometiendo a nuestros hijos a una guerra bioquímica cada mañana en su cerebro, lo que los acelera y los frena al tiempo, fritando sus cerebros al pasar de los años. A todos estos miles o millones de niños alimentados con azúcares y prescritos por drogas a sugerencia de colegios mediocres, así sean caros, más que ayudarlos, los apagan, les quitan creatividad, y hasta los deprimen. Si no me crees, hazle esto a tu carro o moto todas las mañanas: préndelo, sin calentar el motor aceléralo (azúcar) hasta que las revoluciones lleguen a rojo, luego métele cambio para que ande (mándalo a un colegio), luego, mientras estás acelerando a *full* y sin parar de acelerar, frena el carro (drogas para la atención); te apuesto que tu carro se fundirá antes de una semana. El cerebro de tus hijos logra sobrevivir desde su niñez hasta su adolescencia, pero cuando arriban a ella llegan tan fritos que empiezan las depresiones, la presión social, las dudas, y esto es lo que ha aumentado significativamente los índices de depresión y suicidio en adolescentes; ya me entiendes por qué mi madre me hizo el favor más grande de mi vida al pasarme por seis colegios, en vez de ser complaciente con la educación mediocre, sistemática, de los colegios que lo sugirieron como una solución temporal para criar ovejas que siguen un rebaño: ninguno de nosotros es una oveja, todos podemos ser perros de pastoreo libres, pastores o hasta lobos, únicos libres y autodeterminados, pero jamás ovejas.

Mi mamá sabía cómo era, y sabía que lo mío no era pasarme las tardes haciendo tareas aburridas, donde ni aprendía ni desfogaba mi energía. Así que decidió patrocinar todas las actividades extracurriculares que yo quisiera explorar como deportes, deportes extremos y *hobbies*. En mi casa jamás existió un videojuego. Recuerdo haber pasado por karate, natación, kungfú, karts, bicicrós, parapente, karts y un largo etcétera.

Hoy considero que mi supuesto déficit de atención e hiperactividad, que fueron vistos de manera negativa por estas instituciones educativas a las que asistí, se convirtieron en un exceso de atención solo a las cosas que me importan. Quizá, como no me importaban muchas de las cosas que de forma aburrida me obligaban a aprender en la escuela, simplemente no les ponía atención, por estar pensando en las que sí me gustaban. Y la hiperactividad no era algo negativo sino un exceso de energía y pasión por las cosas que amo hacer. Como lo hago hoy en Elcielo.

También fui bueno para las matemáticas porque a mi mamá también le gustan y me las enseñó de un modo dinámico y divertido. Ella me decía que si lograba dominarlas, hacer sumas o cálculos de forma rápida, me servirían siempre en la vida, y yo le creí plenamente; solía poner música en el carro de un lugar a otro y me ponía juegos mentales de matemáticas, así que aprendí a disfrutarlas y amarlas. En realidad es algo que me ha servido pues cuando hago negocios puedo calcular con velocidad, y al final del día esa calculadora mental me ha servido mucho para manejar mis negocios de manera exitosa.

No puedo negar que fueron muchas las veces, aunque no lo aparentara, que me sentí rechazado y humillado por los profesores y compañeros. Además, padecí el *bullying* por mi baja estatura y porque tengo un pensamiento muy diferente. Sobre esto, recuerdo que un día que estaba muy aburrido después del colegio, le comenté a mi padre que me molestaban, a lo que él me respondió: "Dios nos hizo así, muy bajitos, pero con unas 'güevas' bien grandes, así que tienes que ser más verraco que el más grande del salón".

Así que sentirme el más bajito del salón durante toda mi vida hizo que tuviera la fortaleza y la determinación para ser grande y no medirme, compararme o valorarme por una estatura; me hizo soñar en grande y lograr cosas que otros ven imposibles. Siempre he creído que soy el ser más grande que conozco y que nada es imposible. Y, así como canalicé mi temor a la violencia, lo manejé mediante los proyectos de la Fundación Elcielo, y así mismo lo logré, a partir de la resiliencia, y aproveché lo que otros veían como debilidad para convertirlo en una de mis más grandes fortalezas.

De rebelde sin causa a trabajador

Crecer en el Medellín de las décadas de los ochenta y noventa del siglo pasado no fue fácil. Mi infancia y adolescencia, así como las de miles de colombianos, estuvieron marcadas por olas de violencia generadas por la guerrilla y la guerra contra el narcotráfico. Estos acontecimientos me marcaron de manera profunda.

A los 16 años, la adolescencia empieza a ser traumática. Me debatía en temporadas espirituales y momentos de rebeldía porque tenía amigos que quizá no eran los adecuados. Llegué a probar drogas. Para esta época yo había ido al cementerio alrededor de veinte veces a enterrar amigos porque habían muerto en accidentes de moto, por violencia o por drogas. Algunos de ellos murieron con solo 14, 15 o 16 años.

Gracias a Dios a los 17 años llegó una novia a mi vida, una gran persona y con ella mi vida se volvió más tranquila. Terminé el colegio y ya tocaba ponerme a hacer algo, y en eso mi padre fue una persona clave. Si bien, por un lado, me tentaban la rumba y los amigos, por otro, las ganas de trabajar al lado de mi padre.

Entonces mi padre me dio otro de los mejores regalos de mi vida: me enseñó a lograr las cosas que quería a través del trabajo. Yo le suplicaba que me subiera la mesada pues a alguno de mis amigos le daban más de lo que a mí me daban. Yo quería que me dieran lo mismo que a ese amigo. Un día visité a mi papá en su oficina; tras sacar por primera vez mi pase de conducir, le volví a pedir, y mi papá me preguntó: "¿Cuánto es que quieres de mesada?". Le di la cifra que recibía uno de mis amigos. Él me dijo: "Yo no quiero criar un mediocre y tú has demostrado no serlo, entonces quiero ayudarte a que entiendas el valor del trabajo duro, honesto, y el valor del dinero conseguido con el sudor de tu frente. A partir de este momento nunca más tendrás mesada, en cambio tienes un salario en la empresa que es el doble de lo que quieres, pero si no vienes a trabajar, no tendrás dinero".

Durante un par de años, trabajaba después del colegio: preparaba el café, sacaba fotocopias, cargaba su maletín, le leía sus *e-mails*, miraba sus balances, lo acompañaba a todas sus reuniones, entre otras cosas. Nosotros vendíamos seiscientos productos agrícolas y para la industria del empaque, y entonces, para revisar la cartera era necesario mirar cientos de páginas, donde había que comparar las entradas con las salidas, y no había programas contables.

Luego, cuando tuve una moto, fui mensajero y repartía las facturas por toda la ciudad, recogía cheques, consignaba, y paraba en "El Machetico" a comer empanadas.

Aunque aprendí a manejar a los 12 años, y corría muy bien en karts, saqué la licencia de conducir cuando era mucho mayor. Cuando ya tenía pase de conducir, recuerdo que mi papá me dijo un día: "Toma este overol, carga el camión y te vas a repartir mercancía". Otras veces me mandaba a Urabá, una zona bananera que era muy peligrosa entonces; iba a hacer inventario en los almacenes. En esa época mi vida se fue transformando de manera muy positiva, y empecé a trabajar más duro, a ahorrar y a organizarme mejor.

Otra cosa que no se me puede olvidar y que es una gran herramienta de vida: al ser mi padre abogado de profesión, redactaba sus propios contratos de negocios. Así que me enseñó a leer contratos, a entenderlos, a redactarlos, y cuando nos mandaban contratos otros abogados, a leerlos entre líneas y a ver los detalles que se encuentran en la letra "chiquita"; por algo dicen que el diablo está en los detalles. También fue quien me enseñó a leer balances. Mi papá, una vez más, fue mi inspiración. Él se fue de su casa a vivir con mi mamá sin tener nada, y yo fui testigo de cómo cada cosa que consiguió la logró trabajando muy duro. A mí me tocó verlo desde cero. Con su trabajo duro y honesto nos demostró que ese es el camino más corto al éxito.

Durante una etapa de mi vida el existencialismo me inundó. Necesitaba desesperadamente encontrarme a mí mismo; en la infancia y adolescencia, aunque viví muy feliz, también pasé por procesos algo caóticos con la educación, empecé a meditar más, a mirar hacia adentro, a enfrentar mis miedos y, como conté antes, a trabajar con mi papá. Los consejos espirituales de mi mamá fueron mi polo a tierra; aunque en este libro menciono más a mi padre, por ser un libro de negocios, la espiritualidad y la toma de conciencia que me enseñó mi madre son los pilares de mi vida, igual de importantes que las enseñanzas de mi padre.

Creo que siempre voy a ser una "papeleta"; así les dicen en Antioquia a las personas hiperactivas, y uno puede serlo de mu-

chas maneras distintas. Los inicios de mi adolescencia tuvieron momentos oscuros que hoy me permiten tener un carácter y un criterio muy definidos de lo que quiero y lo que no, y diferenciar lo que está bien de lo que está mal. Si me preguntan si quiero que mi hija viva lo que yo viví, pues NO con mayúsculas; corrí riesgos innecesarios al caminar cerca del risco de la vida, donde, como les comenté, vi muchos amigos caer para siempre. Pero creo que en mi caso particular me hizo mejor persona, me hizo valorar más la vida y tener una visión positiva en cada circunstancia. Sin importar su naturaleza, usar la resiliencia para al caer levantarse más fuerte.

Yo estuve en peligro de muerte varias veces: una vez iba en moto y un borracho me atropelló con un carro; otra vez me caí de un parapente; también me ahogué buceando y me tuvieron que meter en una cámara hiperbárica, y me estrellé en carro andando a 200 kilómetros por hora, y otra vez me pusieron una pistola en la cabeza, empujé al tipo, logré correr pero la pistola se le disparó y me quemó todo el pelo y parte de la cara. Esas son algunas de las historias por las que he pasado.

Pasé por momentos muy difíciles, y a partir de la meditación y toma de conciencia logré vencer el miedo a la muerte. Hoy estoy completamente en paz conmigo mismo y feliz de haber vivido la vida que me tocó. Eso hizo que al perder el miedo a morir, de paso perdiera el miedo a equivocarme; por eso soy más creativo que antes, y creo que eso es parte del secreto de mi éxito. Como no tengo miedo a equivocarme, sueño cosas que otros consideran imposibles, me arriesgo y asumo retos.

El que en los colegios tuviera fama de indisciplinado, distraído y poco interesado en las clases se debía a dos cosas: primero, a que soy muy inquieto; me gusta crear y el sistema educativo tradicional, resumiéndolo de forma atrevida, solo mata la creatividad, busca que uno aprenda de memoria cosas de manera aburrida. No entiendo para qué te enseñan algunas materias de relleno, y no nutrición, creatividad, no-violencia o los objetivos del milenio. ¿A quién le importa Maquiavelo? (a quien considero un genio) si primero no te enseñan la desobediencia civil de Thoreau o la no-violencia de Gandhi, para poder interpretar bien a Maquiavelo y no satanizarlo; para qué clase de sociales si no aprendes a alimentarte, para que religión si no te enseñan a meditar y a amarte a ti mismo primero. En mi casa se me brindó una educación muy diferente, intelectual, espiritual, humana, y hasta filosófica, mientras que la del colegio, en cambio, no resultaba tan estimulante. Yo estaba en una búsqueda que parecía no tener fin, y es que no tenía claro dónde quería dar rienda suelta a mi propia personalidad creativa.

Desde temprana edad ya quería organizarme; a punto de cumplir los 18 años ya tenía carro, quería comprarme una casa e independizarme de mis papás. Me creía un hombre de negocios y vivía realmente como uno, y no como un adolescente típico. Entonces mi papá me llevó a Miami, cosa que me extrañó porque él no es que disfrute los planes de *shopping* que se suelen hacer en Florida. Cuando estábamos allá me llevó a una reunión con unos amigos con los que hacía negocios de plásticos. Cuando llegamos a la oficina en Weston, entramos a una sala de conferencias. Casualmente ese día yo cumplía 18 años y mi papá era el representante de ellos en Colombia.

Él les dijo: "Yo llevo diez años manejando este negocio en Colombia y a partir de este momento quiero entregarlo a mi hijo como una herencia en vida que él tenga que trabajar, para que él se dedique 100% a eso, ya que yo no me dedico solo a este negocio. Además, mi hijo tendrá todo mi apoyo como respaldo, y lo estaré monitoreando. Mi hijo ya lleva dos años conociendo el negocio, y creo que está listo para tirarse al ruedo solo". Esto me sorprendió porque no lo esperaba; mi padre es el hombre más generoso que conozco. Era un gran desafío a mis 18 años convertirme en representante de uno de los brókeres más grandes de plástico de Latinoamérica, con oficinas en Corea, China, Texas y otras partes del mundo.

Mi primer contenedor se lo vendí a Ángela, hoy una buena amiga, que en ese mismo momento tenía mi misma edad y estaba comenzado a trabajar en la fábrica de plásticos de su familia. Yo cogí ese negocio cuando se vendía un millón y medio de dólares anuales. Y cuando lo dejé, cinco años después, hace unos diez años, vendía casi ocho millones de dólares, pues vendía plástico, como decimos en Colombia, "a dos manos". Yo era muy hábil para vender, y creo que todavía lo soy; de hecho, hay empresas que me siguen buscando para que los asesore en ventas, porque independiente de que hoy sea un cocinero, sé mucho de ventas. Eso sí, cambié los plásticos por menús de degustación, y ahora cuando voy al mercado con mi esposa llevamos bolsas de tela reutilizables.

Como he repetido mucho en este libro, mi padre es un hombre muy sabio que me ha apoyado incondicionalmente, y mi madre es un ser como de otro planeta, un ser de luz. Mi madre me enseñó sobre el equilibrio, ya que soy un hombre de muchos extremos. Ella me enseñó a balancear mi vida comprendiéndome, y me ha enseñado a aceptarlos.

Diseñador automotor frustrado

Cuando salí del colegio ya no solo paseaba en autos como afición sino que ya competía en las pistas de karts. Hasta pensé en ser diseñador de carros. En esa época lo que me gustaba era correr y conducir todo lo que tuviera un acelerador; trabajaba, tenía un muy buen salario y no sentía la necesidad de estudiar una carrera universitaria. Pero el diseño de automóviles sí me atraía lo suficiente como para pensar en estudiar ingeniería automotriz en Italia. Así que comencé a averiguar para darme cuenta de que, si bien no era imposible, requería que estudiara primero ingeniería mecánica en Colombia, aprender italiano, aprender matemáticas en italiano, para después ir a hacer una especialización en diseño automotor. Total, eran como ocho años. Me metí a estudiar ingeniería mecánica a una universidad que se llama EAFIT y duré la grandiosa cifra de dos días y una clase del tercer día.

En la dichosa clase del tercer y último día en EAFIT llegué a un punto en que no quería estar allí. El profesor tenía unas botas y se paraba sobre un cajón de madera de forma muy ruidosa a decirnos que las matemáticas nos tenían que entrar. Al oírlo, yo literalmente me cogía el pelo y la cara desesperado, y decía para mis adentros: "Esto no es pa' mí, esto no es pa' mí, esto no es pa' mí", y aunque había tenido el mejor promedio de matemáticas de mi colegio, esa introducción me pareció aburrida y me salí.

Lo curioso es que hoy en día EAFIT es una de las universidades que más admiro y con la que tenemos convenios en Elcielo. En ese entonces tenía marcada la tendencia que tengo a veces de ser solitario y me abrumaba la cantidad de gente.

Luego llamé a mi novia para que me recogiera y le dije: "Me salí, no solo de clases sino de la universidad. ¡Eso no es para mí!". Ella me dijo: "Pero espera por lo menos una semana". Mi mamá al oírme me dijo: "¿Qué le vas a decir a tu papá?". Yo respondí: "Pues que no me gustó, al igual, ya yo trabajo. Yo soy responsable".

Qué hago con mi vida

Me fui a la oficina de mi papá y él me dijo: "Hijo, ¿vos no tenías clases hoy?". Y le respondí: "Padre, es que a mí no me gustó esa universidad". Él invariablemente me ha apoyado en todo, pero a veces, como en esa ocasión, se coge nerviosamente la cabeza al oír mis palabras. Al igual, tanto él como mi mamá han sido incondicionales siempre, pero no dejaba de preocuparse por mi futuro.

Por mi parte, yo sabía que si no era diseño automotor tenía que dedicarme a algo relacionado con el diseño y los negocios. Buscando estudiar Diseño Industrial, por error, y debido a lo parecido de sus nombres, me inscribí en Ingeniería Industrial en la Escuela de Ingenieros, una de las más difíciles en Colombia en relación con las matemáticas, y me fue muy bien, tenía un promedio de 4.2 sobre 5.

Allí estudié durante un año, y mientras trabajaba descuidé un poco la oficina porque la carga académica no me dejaba tiempo para hacer lo que más me gustaba, que era hacer negocios y vender; faltando un mes para el segundo semestre, me dije: "Yo esto no me lo aguanto más, no voy a durar haciendo esto cinco años, y menos toda mi vida".

En ese momento tenía 19 años, tenía mi propio negocio. Así que me dije a mí mismo, como me digo muchas cosas: "Mi mismo, no voy a estudiar negocios internacionales pues esto ya lo manejo, y tengo experiencia, y algún día heredaré el negocio de mi papá cuando él se jubile". A un mes de los exámenes finales le dije a mi papá: "Pa', yo me voy a salir de la carrera. Yo sé que tú querías que yo me graduara, y siempre me has apoyado, y aunque he sido muy necio, en el trabajo siempre he sido responsable y nunca he faltado un día al trabajo. Yo lo que quiero es ponerme a trabajar y ganar plata".

Entonces él se sentó y me dijo algunas de las cosas más sabias de todas las que me ha dicho en la vida: "Hijo, una de las épocas más bacanas de la vida es la de la universidad, las experiencias, de ganar conocimiento, hasta no estar de acuerdo con el profesor y exponer los argumentos, son cosas que nunca vas a vivir, te van a quedar recuerdos inolvidables. Y lo más importante en la vida son los buenos amigos, No te pierdas esta etapa de tu vida".

Y continuó con su discurso: "Vamos a hacer algo, estudia algo que te guste solo por *hobbie*, no escojas una carrera por la necesidad de vivir de eso, y escoge algo que te genere amor y pasión, ve a la universidad, olvídate de las notas, estudia lo que quieras, lo que en verdad te guste, sin importar las notas".

Mi papá me inspiró pues cambió las reglas del juego, de lo que normalmente un padre haría, no escoger una universidad pensando en que es de lo que vas a vivir y escogerla por lo que amas hacer. Entonces le dije: "Pa', yo voy a buscar". Al dejarme ser libre y seguir mi vocación me quitó la presión de tener que graduarme o de tener que ganar y me concentré solo en la búsqueda de esa carrera que en realidad amara aprender.

Las dos cosas que más me gustaban eran cocina y zoología. Descarté zoología pues la había en una universidad ubicada en un pueblo muy pequeño y lejano en Estados Unidos y pensé: "Allá no podré trabajar y pierdo todo lo que he hecho con mi negocio, y al ser un pueblo pequeño me aburriré mucho".

Recordé además que me gustaba cocinar en mi casa, y aunque en ese entonces no lo veía como profesión sino como pasatiempo, me dije: "Qué bacano cocinar, parchar con los amigos, hacer cocteles", así que me matriculé en cocina, me enamoré de ser cocinero, aunque me terminaron echando de la universidad de cocina "por no adaptarme al sistema"; terminé trabajando al lado de dos grandes chefs en el mundo, Juan Mari Arzak en España e Iwao Komiyama en Argentina, y luego de dieciséis años cocinando, aquí me tienen.

En este libro no enfatizaré mucho en la historia de los once años de la Organización Elcielo; creo que faltan muchas más cosas por construir, así que si Dios me lo permite escribiré esta historia en otro libro más adelante. Desde el 2007 hasta el 2018 hemos construido en familia tres restaurantes Elcielo en Medellín, Bogotá, Miami; tres locales de La Serenissima Pizzería; Cuon, un restaurante asiático; Kai a Better Life, un restaurante vegano y orgánico; Classic es una versión más clásica de Elcielo; El Navegante, un Speak Easy Bar, y Shibari, una Disco Bar.

De cero a Elcielo, el título de este capítulo, quizá solo sirva para decir que en lo único en lo que siempre en algún momento tuve *cero* fue para ser cocinero, pues siempre tuve todo, pues tengo mi familia y *cuando tienes familia lo tienes todo, así no tengas nada más.*

Espero que aprendas que esa es la verdadera lección de este libro, y espero además que todos tengan la fortuna de contar con una familia, sea tu propia familia o amigos que se vuelven hermanos, porque en adelante todo lo que diga, quizá sea una mentira, una verdad a medias, una verdad maximizada, una fantasía en la que vivo o una teoría que solo me sirvió a mí y que quizá no te sirva a ti.

«Cuando tienes familia lo tienes todo, así no tengas nada más».

FUNDACIÓN ELCIELO

La Fundación Elcielo nació al mismo tiempo que Elcielo; además de meditar y actuar con amor, mis padres nos enseñaron a hacer trabajo social y ayudar a otras familias. Recuerdo mi primer obra social: mi madre, al no creer en las religiones, no le dio mucha trascendencia a mi primera comunión, a mis nueve años, pero cuando fuimos a comprar las cosas para la fiesta ella me llevó antes a la casa de una familia que conocíamos; cuando llegamos a su casa, la parte de atrás no tenía techo, se había caído. Salimos de allí y le pregunté: "¿Ya vamos por las cosas de la fiesta?", y ella me respondió: "¿Quieres hacer tu fiesta, que dura unas horas, o con ese dinero quieres construirle el techo a esa familia para toda la vida?". Obviamente no hice fiesta y unos años después dejé de creer en las religiones; fue en enero de 2008, un mes después de haber abierto Elcielo, cuando empecé a recibir sordomudos para aprender en Elcielo. En ese tiempo visitaba con otra fundación los soldados heridos en combate todos los sábados; solíamos llevarles kits de aseo, libros, videojuegos, y hablábamos con ellos. Fue cuando decidí diseñar un programa de educación en cocina, para darles una nueva oportunidad como civiles una vez se recuperaran; once años después, somos una fundación de no-violencia y educación, capacitamos soldados, policías, exguerrilleros y exparamilitares que solían ser enemigos a muerte, y a través de la cocina realizamos procesos de perdón y reconciliación entre ellos; también capacitamos indígenas y víctimas, capacitamos más de 150 por año y empleamos más de 20 en la empresa. Hemos tenido la extraordinaria oportunidad de ser invitados por la Casa Blanca y el expresidente Obama a presentar nuestro trabajo social, empresarial y creativo en la Universidad Stanford, en California, y a más de siete premios Nobel de la Paz; si quieres saber más puedes buscar en YouTube escribiendo en el buscador "Fundación Elcielo Restaurante". Estamos empezando un nuevo programa para capacitar en nutrición y medioambiente a niños y jóvenes.

40 CLAVES

PARA EMPRENDER

1. SÍ

¡TÚ PUEDES! Sí, cualquier cosa que sueñes eres capaz de lograrla, cualquiera, solo tienes que amarla tanto como para dedicar tu vida a hacer tus sueños realidad, solo debes aprender a soñar en grande, a programarte para cumplirlos y dedicar tu vida a vivirlos.

Hace un tiempo leí el libro *El manuscrito encontrado en Accra* y me llamó la atención mucho este pequeño texto, que me recordó a las personas como yo que amamos demasiado lo que hacemos y muchas veces nos llaman locos:

"Poco a poco descubren que sus gestos están ligados a una intención misteriosa, más allá del conocimiento humano, pero que recorren a causa de la llama que incendia sus corazones.

"Usan la intuición cuando es fácil conectarse con ella y utilizan la disciplina cuando la intuición no se manifiesta.

"Parecen locos.

"A veces, se comportan como locos. Pero no están locos".

Creo que descubrimos el verdadero Amor y el poder de la Voluntad, pues no hay nada más poderoso que moverse.

Así que mi tarea en este libro es enseñarte a creer más en ti, estés en el punto que estés, que después de leerlo, nada absolutamente nada te haga dudar que no lo puedes lograr.

Iremos por pasos, aprenderemos a soñar más de lo que lo haces hoy, pero también a hilar esos sueños con la realidad para poder realizarlos; esto se logra soñando, planeando y trabajando.

Siempre he creído en la ley de la atracción, así que en vez de pedirle cosas a Dios, le doy gracias porque me van a pasar; dar gracias, en vez de pedir, en mis creencias cambia completamente la actitud que tienes hacia las cosas que deseas, obligándote a ser parte de hacer que pasen, tomando acción sobre ellas. Quien pide, espera; quien da gracias, actúa.

2. NO

La palabra que más me ha gustado durante toda mi vida es *Sí*; desde que nació Azul, mi hija, mi palabra favorita es *Azul*; ya te contaré un poco más adelante. Pero así como me gusta la palabra *Sí*, jamás me ha gustado la palabra *No*, salvo para decir algo positivo, como "no me para nadie", pero haciendo énfasis en el No. Tienes dos tareas por lograr para tu vida: la primera es creer que sí puedes, como lo hablamos en el primer *tip*, y la segunda es la de no aceptar los *Noes* en tu vida; ojo, no te digo que no aceptes las situaciones que te suceden, lo que no debes aceptar es creer que no puedes superarlas; un no es como una pared, siempre que encuentras una pared tienes cinco opciones, la primera es creer que no puedes; en mi vida solo hay cuatro opciones, que son rodearla, saltarla, hacer un túnel y pasar por debajo, y si ninguna resulta, tumbarla; sea como sea, jamás aceptes la opción uno, que es pensar que no puedes.

Hace un tiempo, explorando el famoso término "big data", me resultó de gran interés saber los grandes números de mi empresa; empecé a buscar, analizar, y creé un departamento dentro de Elcielo que se llama "Inteligencia de Negocios". Fue allí cuando me di cuenta de que comprábamos muchísimas botellas de agua al año, especialmente de un agua italiana de gran calidad; fue por el mismo tiempo que recibí una invitación a Las Dolomitas, en Italia, a cocinar, patrocinado por esta agua. Cuarenta mil aguas al año para dos pequeños restaurantes es demasiado; fue entonces cuando en una de las cenas hablando con uno de los directivos, me dice: "Tú eres nuestro mayor cliente en unidad de negocio de toda Latinoamérica". *Wow*, aunque sabía que era buen cliente no me imaginé que fuera el más grande; fue en ese momento que tuve una gran idea, que le mencioné: "Oye ¿por qué no me haces una edición especial de tu marca de agua para Elcielo, y yo te firmo una orden de agua por 50.000 unidades?". Me dijo: "No, Juanma, no puedo hacer eso; el mínimo son 500.000 unidades"; yo sabía, por la buena relación que tenía, que ellos habían hecho una edición para una revista de Nueva York por 5.000 unidades; cuando él me respondió "no", yo de inmediato pensé: "No es que no pueda, es que no quiere". Como yo amo y creo tanto en mis sueños y en Elcielo, además de saber que no soy ingenuo al reconocer que esta revista es más conocida que Elcielo, no me gustó que no quisiera hacer mis aguas, especialmente que se las iba a comprar. Terminó la cena, la pasamos bien, pero me fui al hotel con una espinita. Decía para mis adentros: "¡NO! La chimba que NO". Llegué a Colombia y recordé que es el segundo país con más recursos hídricos del mundo: "¿Qué tiene un agua de Italia que no tenga una de Colombia, de los Andes?". Nada de mejor; empecé a investigar y encontré que tenemos tanta agua y tan pura que algunos la pueden considerar mejor, soñé con mi agua, investigué, me asesoré, planeé, trabajé, y hoy creé mi propia marca de agua Elcielo, con agua de los Andes; he crecido en ventas, pues la vendo un poco más barata, ayudo al planeta mermando el consumo de combustible por transporte y hoy no compro más de mil botellas de esta marca; tengo buena relación con ellos, pero recuerda: si te encuentras una pared, intenta rodearla, pasar por debajo o saltarla, y si no puedes, pues túmbala, salud con y por el agua Elcielo.

3. EMPRENDER

Soy un emprendedor y amo emprender.

Quiero aclarar el significado de *emprender* antes de seguir, pues la mayoría de las personas creen que emprender es montar un negocio, pero realmente el emprendimiento es "crear cambios, no crear empresas"; creo también que el emprendimiento tiene muchas cosas buenas pero también es un arma de doble filo si no lo entendemos completamente.

Hoy somos una nueva generación de jóvenes que creemos en cosas diferentes y tenemos valores y valoraciones de la vida distintos a los de nuestros padres, ni mejores ni peores, simplemente diferentes; una de las diferencias con la generación anterior es que hoy valoramos más el ser que el tener; antes se valoraba mucho más quien tenía, acumulaba bienes y tenía dinero. Aunque no niego que ganar dinero es importante, es bueno y te da ciertos lujos y tranquilidad en la vida; esta generación de *millennials* hemos empezado a dar muchísimo valor al ser, sobre el tener, a ser lo que queramos ser, a amar nuestras carreras, a viajar, a trabajar en lo que amamos sin pensar o no si seremos o no jefes de la empresa; de hecho, creo que en mi caso jamás sería el gerente de Elcielo. Yo no quiero ese cargo, disfruto cocinar, hablar con los chicos, ser su amigo, mentor, colega, que independiente de que soy dueño de la empresa me vean como un par, como un hermano en la familia Elcielo.

Volviendo al doble filo del emprendimiento, toda esta cultura y tendencia que emprender es *cool* ha ayudado en Colombia a resolver uno de los peores problemas culturales de los últimos tiempos: "la narcocultura"; recuerdo que a fines de los 90 y principios del milenio, las personas que más mostraban sus bienes eran quienes vivían en la narcocultura, pues miles de empresarios exitosos de negocios lícitos se escondían y mimetizaban sin mostrar lo que tenían, por miedo a ser extorsionados; fue así que creció una generación que admiraba el tener y vio por muchos años que las personas que vivían la narcocultura eran los que mostraban. Esto lavó el cerebro de miles de jóvenes que empezaron a admirar esta cultura, a imitarla, y hasta a involucrarse en dichos negocios ilícitos; llegó una nueva generación de jóvenes a los que el emprendimiento nos mostró unos nuevos valores del ser, y en menos de quince años todo cambio. Hicimos una transición tan grande que hoy se admira más a un emprendedor, así no tenga dinero, que a una persona que tenga, vista y ostente los valores de la narcocultura; en resumidas cuentas, el emprendimiento venció culturalmente el narcotráfico, o dime si no te parece más *cool* un emprendedor que un narco, pues hace quince años no era así. Este ejemplo es una de las grandes y positivas cosas que trajo el emprendimiento, esto pasó porque los jóvenes empezaron a ver personajes como Elon Musk, Steve Jobs o Mark Zuckerberg, entre muchos otros, pero al mismo tiempo esto positivo que llenó de ganas de emprender a las nuevas generaciones, también les metió la presión de emprender desde muy jóvenes y sin experiencia, pues si tu escuchas que Steve y Mark jamás terminaron la universidad, o que estás leyendo este libro de alguien que pasó por seis colegios y tres universidades y tampoco se graduó, piensas a tus 20 que no debes estudiar y que debe emprender.

Si tú y yo nos sentamos y me cuentas tu proyecto, así tengas 20 te diré: hazlo, puedes lograrlo; pero por otro lado te diré que no seas ingenuo, pues así tengas posibilidades de lograrlo, y entre más lo ames más posibilidades, que conozcas a lo que te enfrentarás, sobre todo a las estadísticas, pues el 98% de los proyectos de emprendimiento fracasan antes de dos años, es decir, de 100 personas que emprenden solo dos negocios están vivos a los dos años, pero esto lo explicaré un poco más adelante; lo que debo recalcar en este *tip* es que de 100 emprendedores que lo intentan, 98% estarán sintiéndose frustrados a los 22, quizá se den por vencidos, se rindan y se empleen sintiéndose derrotados; ya enfatizaré en el *tip* "La edad para montar tu propio negocio" cómo mejorar estas posibilidades

4. ESPIRITUALIDAD

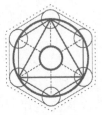

La espiritualidad es un tema que tiene tanto de largo como de ancho, y la comprensión de esta es tan única como tu iris o tus huellas digitales, es decir, hay tantas visiones de la espiritualidad como seres humanos en el mundo, así que he sido enfático en expresarte que todo este libro son opiniones y visiones personales basadas en mi experiencia, en el tema de la espiritualidad aún más, es mi opinión y lo que siento cuando cierro los ojos, y en ningún momento tengo la más ligera intención de persuadirte de que creas en algo que yo creo. Sin embargo lo que sí creo es que si quieres ser exitoso en la vida, ser feliz, compartir con las personas que amas y tener paz interior, estás obligado, cualquiera que sea tu espiritualidad, a fortalecerla, a conocerte, a enfrentar tus propios miedos, tus vacíos, a enfrentarte a ti mismo con amor y conciencia y salir vencedor, con la mirada clara y el corazón en paz. En este *tip* quiero hablar de dos cosas: la primera es mi perspectiva de la espiritualidad, y la segunda es contarte cómo he aplicado mi espiritualidad a mis negocios.

Para hablar de espiritualidad creo que debemos hablar de Dios, creas en lo que creas; la mayoría de las personas creen en un Dios, pero todos lo vemos distinto. En mi caso, después de unos años terminé confirmando que no creo en un Dios superior, no creo que Dios esté por encima de mí; más bien creo en un Dios total, sí, en un Dios que es todo y que todo y todos somos parte de él, es decir, tú eres Dios, yo soy Dios. Al entender esto entendí que si yo era parte de él, mi luz, mi ser, mi alma, era parte de su luz, creyendo que mi nivel de conciencia y actuar en el amor me harán brillar más, y si todos brillamos más, más luz tendrá Él; por otro lado, un día viendo un documental científico sobre el espacio, el científico que describía los términos del universo explicaba que nosotros vivimos en un sistema solar que está en una galaxia, que está en un cúmulo de galaxias que están en un universo, y que nuestro universo está junto con otros en algo que llaman el Multiverso, pero eso es todo lo posiblemente observable, es decir, hasta donde llega la luz en los casi 14.000.000.000 (catorce mil millones) de años, pero que después de ahí sigue otro universo al que llaman el Universo No Observable. Ya de ahí hacia adelante qué seguirá es una pregunta que nadie se ha respondido; luego de una pausa el presentador explica que las distancias en el espacio son tan grandes que la luz que vemos de una estrella puede estar viajando desde hace millones de años hasta el momento que la ves una noche cualquiera, lo que significa que esa estrella hace millones de años podría haber mandado su último haz de luz y hoy al mismo instante que la estás viendo ella ya podría haber desaparecido, entonces describe el significado de una palabra bien conocida a la que pocos le conocían este significado, "COSMOS", y dice que el cosmos es Todo Lo que Fue, Todo lo que Es y Todo lo que Será. Si piensas bien, todo lo que existió en el pasado, todo lo que existe hoy y todo lo que existirá en todo el espacio, lo llamamos cosmos; yo creo que encontramos un punto de interacción entre la ciencia y la espiritualidad, ¿por qué? Pues porque si Dios en todas las religiones es todo, no tiene tiempo, ha estado desde siempre y estará siempre, los científicos lo llaman Cosmos, los espirituales lo llaman Dios.

¿Pero por qué te hablo de esto? Creo firmemente que cuando dejé de pensar que Dios era superior a mí, que me castigaría y me mandaría al infierno, y empecé a comprender que mi Dios es más grande de lo que pensaba, que no solo está arriba, sino que esta abajo, alrededor, y dentro de mí que soy parte de él, que su luz es mi luz y mi conciencia hará que esa luz brille más y el brille más, en ese instante me di cuenta de que "Yo soy Dios" y parte de Él y Él es la totalidad; eso me hizo creer más en mí, que soy capaz de lograr lo que me proponga desde mi corazón, y tú también eres Dios, su luz está en todas partes, especialmente en tu corazón, y segundo, si esa luz es capaz de cualquier cosa, entre más brille, más capaz, hay que ponerla a brillar cada día más, no creyéndonos iluminados ni andando de bata blanca por el mundo, sino equivocándonos, pero levantándonos, pidiendo perdón, tomando conciencia, levantándonos más fuertes cada vez, viviendo nuestras vidas y aceptando nuestro entorno, pero no dejando que defina nuestro futuro nada distinto que el corazón. Así que créetela, cree en ti que tú eres grande, eres fuerte, aunque caigas, eres fuerte, así tengas días, meses o años que has pensado que eres débil; solo debes cerrar los ojos, mirar tus miedos, rabias, angustias, y si un día sientes que alguien o algo te tumbó y te desmoronó, vuélvete a armar, recuerda que muchas murallas han sido construidas con restos de paredes y escombros y hoy son más fuertes y sólidas que nunca. Cree en ti, pues si yo que probablemente no te conozca creo en ti y estoy seguro de que lo lograrás, lo menos que tú puedes hacer es ¡CREER EN TI!

Aplicar nuestras creencias a nuestro trabajo al principio es raro, pero luego se te vuelve más natural; la mayoría de la gente cree que son cosas diferentes y suele tener un nivel de ética y moral para trabajar, y otros para rezar; no se trata de no sentir nada malo cuando aparecen personas envidiosas o tóxicas, que a veces se nos pasa por la cabeza responder o actuar de manera impulsiva, pero esto es precisamente lo opuesto a lo que debes hacer, tienes rabia porque en el mundo te topaste con un *hdp*; lo primero que debes hacer es ponerte en sus zapatos y asegurarte de que no lo seas tú desde un punto de vista objetivo; segundo, recuerda que tu mejor venganza no es tomar una represalia o responder impulsivamente; la verdad, lo mejor es mostrarle a esa persona que no se te movió un pelo, que sus comentarios no te afectan, y seguir sonriendo, y por último, la mejor revancha sobre alguien tóxico es tu éxito, pero ojo, tener éxito porque lo amas y no por vengarte, o si no, en el inicio de este libro yo hubiera dicho: este libro se los dedico a quienes no creyeron en mí, en vez de dedicarlo a quienes me aman, y si creyeron y no fue así, pues así tus enemigos te hagan más fuerte, jamás logres algo solo por el hecho de vengarte pues vivirás con odio en tu corazón y el sabor al final solo será amargo, así estés en el podio. La razón por la que te explico estos dos lados es simplemente porque en términos prácticos la mejor forma de demostrarte a ti, a quienes te apoyan y a quienes no que tú eres capaz es triunfando, no iniciando peleas.

Otra cosa: "El sol sale para todo el mundo", tampoco te permitas sentir envidia o rabia, así te copien; recuerdo que hace más de nueve años Elcielo solo estaba en Medellín; dos cocineros se asociaron y decidieron abrir un restaurante y una empresa de eventos con el menú que servíamos en los escasos seis meses que duraron en la empresa. Se llevaron los uniformes de Elcielo de cocina, hicieron los platos en su nuevo restaurante y se tomaron fotos con ellos para su promoción; se parqueaban en la parte de afuera de Elcielo a las 3 p. m., momento en el que los meseros salen del turno del almuerzo; les pitaban desde el carro y les ofrecían trabajo; un mesero les dijo que sí, fue al evento, tomó fotos, no les recibió el pago y al otro día nos contó todo y nos

dio pruebas; solían decir por teléfono: "Somos los mismos cocineros y meseros de Elcielo con las mismas recetas". Cuando yo
supe, lo primero que pensé fue: "Son unos *hp*"; evidentemente
cuando tienes una situación así, lo primero que debes hacer es
no engancharte a pelear, y estás en la obligación de llamar un
abogado. Pedimos la cita con él unos días después y él empezó
a preparar el caso, que le tomaría un par de semanas, pero acá
está lo más interesante que sucedió en paralelo desde ese primer
momento. Una de las dudas más grandes que me dejaron este
par de personajazos fue por qué copiar veinte platos si eran
cocineros, ¿por qué no inventaron otros platos?, pensé; luego
de un par de días recordé una foto de una prueba de un plato
que uno me había hecho, la busqué en el celular y supe que esta
prueba no había pasado; en ese momento, al tercer día desde
que nos dimos cuenta y hasta antes de reunirnos con el abogado,
me dije: "Será que no fueron capaces de inventar nada por sí
mismos?, ja, ya sé"; entonces, mientras sucedía la parte legal,
y en menos de una semana, cambié menú completamente, lo
anuncié en Facebook pues Instagram ni existía, invité un par de
periodistas y no hice nada distinto que cocinar un menú delicioso
y mágico, ya, nada más; en lo que el abogado nos buscó para
mostrarnos cómo iba a presentar el caso, la página ya estaba
cerrada, habían perdido la credibilidad en la industria local, y
un par de semanas después volvieron a cambiar su concepto, que
terminó cerrando otro mes después, así que vuelve a lo mismo:
tú solo debes tener foco y no dejarte distraer.

Por el otro lado, también es importante aprender de la competencia y recibir bien o de manera inteligente las críticas; en el
momento que empecé con la cocina moderna colombiana en
Elcielo recibí cientos de críticas de personas que no entendían
el concepto, no lo compartían o simplemente querían ver el
mundo arder; sobre las críticas, no estoy del todo de acuerdo con
el dicho "a palabras necias, oídos sordos", creo que el dicho fue

creado con la buena intención de que nadie te robe la energía, así te critiquen, y en eso estoy de acuerdo, pero algo que aprendí con los años fue a escuchar en medio de los insultos o críticas, pues siempre hay un mensaje escondido, y no hablo solo cuando alguien me ataca a mí, sino a reconocer: cuando veo que alguien lo hace con alguien más, aprovecho la situación para saber cuál es el fondo, olvidándome de la forma, es como cuando alguien lee un contrato; hay contratos buenos de un negocio que aun así debes leer y averiguar qué hay entre líneas, y hay otros contratos que puede ser que alguien demandó a alguien; estos son como los insultos, así vengan a hacerte daño debes leerlos y ver cuál es el fondo de todo; con las críticas destructivas es igual, así su forma sean insultos, siempre hay algo que puedes aprender, con lo que podrás construir o fortalecerte más aún, así que "a palabras necias, corazón sordo y cerebro alerta".

Por otro lado, las críticas constructivas son tus mejores amigas, son más claras, vienen de alguien que quiere verte crecer y te está ayudando; sonríeles a estas, bueno, a las otras también, no hay nada que les dé más rabia a tus enemigos que verte feliz, aprende de ambas, pero jamás te permitas criticar a alguien si no es tu amigo y lo haces para verlo crecer, pero si el caso es que sientes que debes responder a alguien tóxico con una crítica destructiva, jamás lo hagas, por dos razones, la primera es que las personas inteligentes crecen con todo, especialmente con las críticas, como te expliqué, así que simplemente lo estarás ayudando a crecer, y la segunda es que las personas buena gente no destruyen a nadie, simplemente se lo dejan a Dios y siguen adelante.

5. EL EGO

Durante muchos años escuché de personas espirituales que el ego es nuestro enemigo, que debíamos superarlo y derrotarlo; a medida que fui creciendo empecé a cuestionarme por qué verlo como algo malo, hasta que un día aprendí sobre trascender el ego y entonces cambié mi perspectiva, básicamente trascender el ego es aceptar y tomar conciencia de él, conocerlo y disfrutarlo sin dejar que te domine, es decir, siempre procurar que tu nivel de conciencia sea superior a él y de esta manera no te domine, pero sí te sirva de gasolina para lograr tus metas.

Explicado esto, me considero una persona que, siendo espiritual, soy también egocéntrica y materialista.

Cuando sueño también lo hago desde el ego, me permito pensar lo bien que se sentiría tener una empresa de restaurantes, construir hoteles o abrir Elcielo en alguna ciudad del mundo; ahí está el ego ayudándome a soñar y el corazón diciéndome que lo puedo lograr, y la mente como una calculadora buscando el camino. Así que jamás dejes que el ego te domine, siempre tenlo por debajo de tu capacidad de trascenderlo, pero úsalo, úsalo mucho para empoderarte, para sentirte orgulloso de ti mismo y para decir lo logré, pero jamás te permitas ser víctima de tu éxito; ya te explicaré más adelante de qué se trata no ser víctima de tu éxito.

6. SER BUENA GENTE

¿Recuerdas cuando hablamos de la ley de la atracción?, pues este capítulo lo puse aparte porque quiero que entiendas lo importante de "Ser Buena Gente".

Tengo un buen amigo desde hace muchos años al que le decimos Pacho; él es mayor que yo. Él es vendedor, uno de los mejores que he conocido, antes tenía una compraventa de carros y ahora negocia con propiedades, y es demasiado buena gente, él es amante de las motos y yo también; solíamos tener un grupo de amigos (más de sesenta) que paseábamos por Colombia en nuestras motos, todos los viernes nos parchábamos (encontrábamos para conversar) en su compraventa en las tardes; un día estaba con él allí mirando una moto con la que me había soñado un par de años y para la que venía ahorrando; esa tarde Pacho me cuenta que su esposa está en embarazo; él me dice Mamuel, es el único que me dice así, "Mamuel, voy a tener un hijo". Yo efusivamente le respondí: "Qué chimba, felicitaciones". (Lo reconozco: soy muy palabroso, y no me importa). A renglón seguido le pregunté cómo lo iba a llamar y me respondió de la manera más simple y brillante "Mamuel, lo voy a poner Carlos Miguel"; le pregunté por qué, quizá su padre se llamaba así, y me dice:

"Todos los Carlos Miguel que conozco son buena gente, y yo quiero que mi hijo sea buena gente, porque si uno en la vida es buena gente, siempre le va a ir bien"; bien pudo llamarlo Francisco, a los Franciscos les decimos Pacho, pues él es demasiado buena gente. Lo que quiero recalcar aquí es que si eres buena gente, buenas cosas te van a llegar; ese pequeño instante cambió mi vida y decidí ser buena gente con todo el mundo, y cada día trato de ser más; llames como te llames, acuérdate de Carlos Miguel y Pacho, que son buena gente, y ser bueno no es fácil; en estos días vi una valla en la calle que decía, "ser buena gente es fácil", y aunque nadie nace odiando a nadie, la educación, las noticias, la vida misma, van haciendo a la gente cada vez menos buena gente; a medida que vas madurando, en la mayoría de los casos los niños son más queridos que los adultos; es por eso que debes rodearte de personas que sean *velas* y te ayuden a navegar por la vida, y dejar atrás las personas ancla y tóxicas que te hunden, pues recuerda que "la vida es difícil pero hay personas que te la hacen más fácil". Encuentra más personas así y conviértete en una de ellas para tus amigos y familia, y si algún día quieres saber si estás haciendo las cosas bien, ponte en los zapatos del otro, invierte los papeles y evalúate en la otra orilla.

Alégrate de la competencia, nada te hará más fuerte, nada te obligará más a innovar que sentir esa presión de la competencia, el sol sale para todos, en lo que te debes concentrar es en no copiar, en proponer, crear, innovar, y por supuesto, ser buena gente.

7. CUENTA LOS SUEÑOS...
NO LAS IDEAS

Siempre he creído en contar los sueños porque al contarlos estamos compartiendo con las personas que amamos y que nos apoyan en esa intención que les estamos poniendo a la vida y al universo para que se hagan realidad. Creo que de esta manera los sueños encontrarán, a través de las personas que amamos, formas de manifestarse. De la misma forma, creo que somos responsables de ayudar a las personas que nos rodean a hacer sus sueños realidad. Los sueños hay que contarlos y dejar la bobada de que si los cuento no se cumplen.

Así que quien te dijo que los sueños no se contaban para que se hagan realidad estaba completamente equivocado. Es por eso que desde los inicios de Elcielo empecé a soñar con ciudades como Bogotá, Miami, Washington, Londres, Nueva York, Shanghái y Honolulú, y así llevar las experiencias de Elcielo por el mundo.

Tú también debes contar tus sueños a tus seres queridos para que estos sean cómplices de que los realices, pero recuerda siempre que soñar toma un segundo, y hacerlo realidad, toda una vida; toca recorrer un gran camino, como el que me llevó desde que nací, hasta lograr a mis 35 años haber abierto más de diez restaurantes: Elcielo Medellín, Bogotá, Miami, y tres pizzerías -La Serenissima, Kai, Cuon, El Navegante y Shibari, además de la Fundación Elcielo, Elcielo Catering, Elcielo Café, Elcielo Chocolaes, y Classic. Y después del lanzamiento de este libro, Si Dios me lo permite, estaré abriendo seis negocios más de hospitalidad y restauración.

Te contaré un poco de mis sueños y cómo he materializado algunos: desde que soñé con ser cocinero, soñé con crear experiencias sensoriales, que estimularan los sentidos y evocaran sentimientos y emociones únicos. Mi proyecto gastronómico desde un comienzo buscó ser una cocina colombiana moderna que se sintiera no solo con la boca sino también con el cerebro y el corazón, una cocina que estimulara todos los sentidos, para siempre robarnos una sonrisa de nuestros clientes. Y fue así como años atrás, cuando empecé con mi primer restaurante Elcielo en Medellín, recuerdo que teníamos poco dinero, remodelamos el salón y la primera cocina fue un carro de perros al que le quité las llantas y lo metí dentro de la cocina, pues carecía de recursos para una cocina profesional. Ya te contaré la historia completa en el *tip* "Buen emprendedor". Soñé y sueño con llevar mis restaurantes especializados en *fine dining* por el mundo; buscaba encontrarme a mí mismo y un lugar para crear; soñaba con un taller creativo de cocina donde expresar mi creatividad. Muchos de estos sueños se han materializado y se están materializando.

8. VIAJA

"El mundo es como un libro; si no viajas, solo leíste una página".
San Agustín

Viajar abre la mente, el corazón, las perspectivas y los puntos de vista, te reta a adaptarte, a asimilar rápido, a no juzgar; podría quedarme horas diciendo los beneficios de viajar, creo que viajar tiene más beneficios que el aloe vera.

Gracias a viajar tengo amigos desde 10 hasta casi los 80 años, con quienes puedo conversar.

Calculo que desde que abrí Elcielo hace once años puedo haber hecho más de seiscientos vuelos. Tengo amigos fotógrafos, cocineros, banqueros, jubilados, desempleados y felizmente desempleados, aventureros, psicorrígidos, europeos, latinos, americanos, así que, mi querido amigo, es hora de viajar, en avión, bus, o pidiendo aventones como Alexander Supertramp en *Into the Wild*, mi película favorita, y si no es el momento, inscríbete en la escuela de artes, en un curso de idiomas que te hará conocer gente nueva, abrir tu mente y salir de un esquema social al que llamas *realidad*; empieza a planear un viaje y a ahorrar, y cuando viajes tómale fotos a todo, no seas un turista, conviértete en un viajero, habla con los locales, aprende de sus costumbres, y ve a sus lugares de encuentro, ve a museos, a cuantos más, mejor; siempre lee sobre los sitios culturales y aprende del mapa de la ciudad donde vas, empaca liviano, y viaja, viaja, viaja, porque viajar es el único gasto que te hace más rico.

A continuación te contaré un poco por qué mi hija es vegana y le damos a probar nuevos sabores, olores, y a escuchar nuevos sonidos.

Educación de Azul

Azul nació un 12 de julio. A las doce horas salimos del hospital, pero antes de llegar a la casa, primero paramos en la cocina de Elcielo Medellín. Desde entonces, todos los días Azul me acompaña un rato a cualquiera de las cocinas —taller creativo, Miami, Bogotá o Medellín— y a muchas reuniones. Manuela, su madre, y yo le damos ingredientes para que ella sienta diferentes olores y para que pruebe distintos sabores; muchas veces partimos hojas de la huerta o nos untamos salsas en el dedo para que ella se acostumbre a todos los olores y sabores posibles que vengan de todo el mundo, pero en un ambiente de confianza. Condimentos de Medio Oriente, India, Sudeste Asiático, Europa y Latinoamérica.

Los olores son la razón por la que nos sentimos fuera de casa e inseguros cuando viajamos; al oler un país diferente al nuestro, inmediatamente el cerebro te dice: "Tú no perteneces a este lugar", y eso te hace sentir inseguro, pero es un engaño del cerebro, pues es igual de seguro para el paisa como para el extranjero montarse al metro de Medellín, o para uno montarse al metro de Nueva York, así uno no sea de allí. La seguridad o los peligros son iguales para ambos como individuos, simplemente el olor nos hace sentir ajenos e inseguros; es por eso que a Azul le hacemos oler y probar sabores del mundo, para que nunca se sienta ajena en ningún lugar y que su memoria olfativa la haga sentir el abrazo de su papá y su mamá, ya sea con algo tan colombiano como una arepa de chócolo o con un *garam masala* de la India, Pakistán o Bangladesh; así que cuando viaje por el mundo tenga sentido de pertenencia y se sienta en casa, así esté en la India.

Esta es la respuesta a los que me preguntaban en redes sociales por qué le damos a probar esos sabores desde que era tan pequeña, "si no se va a acordar". Cuando ella sea grande, aunque desde el cerebro racional no se acuerde, su cerebro límbico sí recordará el sentimiento de seguridad y confianza que experimenta hoy, y este quedará como una impronta en su cerebro toda su vida. Suele pasar que cuando alguien vive fuera de su país y está aburrido sale a buscar un lugar típico de su país, o trata de buscar para comer algo casero. Eso no se hace realmente para comer, sino para recordar lo que sentías pequeño al recibir un abrazo de tus padres, el que te daban al ser pequeño, cuando justamente comías eso o algo parecido.

También solemos ponerle una hora diaria de música en ruso, mandarín, árabe, inglés y otros idiomas, que sirven para que, al igual que con los sabores, se acostumbre a nuevos sonidos.

9. SER NERD ES COOL

Aunque en el colegio a los *nerdos* —uso atrevido de la palabra inglesa *nerd*— les suelen hacer *bullying*, fue en 1970 que el filósofo Timothy Charles Paul acuñó el uso de la palabra para describir un estereotipo de persona inteligente con malas habilidades sociales, que suele ser objeto de burlas. Pero no por eso los *nerds* dejan de ser las personas más listas: hace dos años fui invitado por el expresidente Barack Obama, mediante carta oficial de la Casa Blanca, a ser panelista del Foro Mundial del Emprendimiento; este se realizó en la Universidad Stanford, en California. Allí participé en el panel sobre Economías creativas, y por mi parte presenté nuestro trabajo en la Organización Elcielo y la Fundación Elcielo. Recuerdo que la apertura era una conferencia del expresidente de Estados Unidos, que comenzó su conferencia diciendo: "*Wao*, chicos, ¡felicitaciones! Ustedes hicieron que ser *nerd* sea *cool*, y además hoy son ustedes quienes dirigen el *mundo*".

Oír al Obama, quien era en ese momento quizá la persona más poderosa del mundo, usando las palabras *nerd* y *cool* en la misma frase me hizo preguntarme: "¿Cómo es que yo, que pasé por seis colegios y tres universidades, estoy acá?". En respuesta recordé al psicólogo estadounidense Howard Gardner y su teoría "Inteligencias múltiples", la cual dio a conocer cuando era catedrático de la Universidad de Harvard, y entendí que, a pesar de haber sido extremadamente necio, también he sido un trabajador incansable y un *nerd* para aprender a dominar las cosas que amo, como cocinar, emprender, vender, el comportamiento humano, la creatividad, entonces entendí que todos en esa sala éramos *nerds*.

Cuando me preguntan qué es lo mejor de mi trabajo, contesto: es poder conocer *nerds*, personas *que cambian el mundo, músicos, futbolistas, empresarios, emprendedores, líderes sociales, todos nerds*, pues si lees a Gardner y su teoría de inteligencias múltiples entenderás por qué James es un *nerd*.

Quizá un día, Azul, haciendo lo que ama y siendo feliz, sea una *nerd* de algo que ame hacer y sea alguien importante en la vida, primero para ella y luego para hacer del mundo un lugar mejor, así que créeme que si quieres llegar a sentirte importante, ser alguien y lograr cosas extraordinarias, párate de la cama y conviértete en un *nerd* de algo que ames hacer.

10. EDUCACIÓN VS. ESCOLARIZACIÓN

La verdad, en mi caso hablo más desde la experiencia que desde lo teórico, es decir, suelo escuchar y aprender lo que más pueda de personas expertas en el tema de la educación, tema que cada vez me interesa más, primero por mi hija, pues ya decidimos no meterla a ningún colegio (tradicional) y en cambio educarla en una serie de temas que hemos investigado; si te estás preguntando si le ensañaré matemáticas y algunas cosas tradicionales la respuesta es sí, pero no lo haré sentándola a escuchar un profesor aburrido horas tratando de meter a la fuerza números que no la inspiren a hacer grandes cosas, o torturar su vida con tareas después del colegio, cuando lo único con lo que un niño sueña es llegar a jugar, divertirse y hacer algo que le guste. Para contarte un poco sobre cómo la educaremos, debo hablarte de etapas y proyectos; de seguro conoces algún niño que esté entre un año y tres años; si te das cuenta, a esa edad empiezan a gatear, luego a hablar, correr, escalar, decir sílabas, luego nombres de familiares, luego nombre de algo con una segunda palabra como "chocolate quiero" "agua mía" o cosas así, y por último a armar frases, preguntar cosas, en especial "¿y por qué?". Hablar y responder a esto todos lo llamamos "Etapas"; también sus pañales no son por años sino por etapas. Luego, la vida se ve por etapas; la razón es porque todos los seres humanos somos diferentes, aprendemos unos más rápido unas cosas y los otros otras; además tenemos múltiples inteligencias, como lo dice Gardner en sus libros, entonces por qué un colegio sí espera que cien niños de un curso sepan todos lo mismo y ganen el examen de la materia para finales de noviembre cada año y a los que no lo ganen los van a castigar, o peor aún, los van a retrasar haciéndolos perder el año y perder sus amigos. Hay muy pocos colegios en el mundo que entienden eso y funcionan por etapas de entre tres y cuatro años; estos colegios tienen otra característica, y es que indudablemente si ya entendieron esto, de seguro "no califican al niño y no lo reprenden si no ha aprendido algo", no hay calificaciones, así que el niño jamás sentirá que equivocarse está mal y no siente miedo a equivocarse, ¿quién dijo que equivocarse está mal? Les contaré un poco de la Revolución Industrial que empezó en Europa por los años 1750; allí surgieron fábricas por todo el Viejo Continente, y estas fábricas necesitaban obreros, hombres y mujeres que hicieran tareas repetitivas con el menor número de errores; esta oferta de empleo generó la necesidad de cambiar el modelo de educación de la época a un modelo que se adaptaría a la perfección a las doctrinas religiosas que se han destacado desde hace muchísimos años por adoctrinar y enseñar a punta de castigos; era como si se hubieran conocido Romeo y Julieta, es entonces cuando empiezan a crearse colegios y después universidades de enseñanza religiosa que se encargaban de instruir sobre materias para este nuevo sistema educativo con un fin especial, enseñarles a millones de personas que equivocarse está MAL, para las fábricas poder minimizar sus errores y maximizar las producciones; esto funcionó perfecto por más de 250 años hasta hoy; guerras entre reinos, entre países y guerras mundiales fortalecieron este sistema. No voy a decir que esto no trajo desarrollo para la humanidad, pero en la época del antiguo Egipto, hace 5.000 mil años, cerca del 3000 a. C., también hubo grandes cambios y avances en literatura, riegos, matemáticas, pero tuvo el sacrificio de miles de vidas de esclavos que hicieron esto posible, pero ¿adónde voy con esto? El mundo ha cambiado más en los últimos cincuenta años que en los últimos dos mil, y nuestro sistema educativo tal como lo conocemos lleva más de doscientos años; expertos aseguran que es una de las cosas que menos ha evolucionado en términos generales en la humanidad, pero esto está cambiando, ya vemos universidades como Singularity, colegios no tradicionales, cursos de habilidades blandas que generan más oportunidades que las carreras tradicionales, y tecnologías y oficios nuevos que hace unos años eran impensables, fábricas con robots ensamblando carros, teléfonos, etc., es el principio del fin de estos sistemas que no habían evolucionado a la velocidad que nosotros lo hicimos.

Ya habiendo dejado esto claro —y repito, todo este libro se trata más de mi opinión y perspectiva de ver las cosas, que de verdades absolutas—, volvamos a la educación de Azul y las etapas: en estos nuevos sistemas educativos, las etapas tienen proyectos, y el que un niño tenga al frente el reto de un proyecto y no una materia cambia por completo su perspectiva y las reglas de juego, cambian el principio, el desarrollo y el fin. Principio: hay un gran pensador y escritor inglés que se llama Simon Sinek, que explica en su teoría "Start with Why" cómo Steve Jobs creó el iPhone y como se crean hoy experiencias que se viven a través de productos y servicios que son innovadores y exitosos. Él, en muy resumidas cuentas, explica que cuando tienes un porqué para crear algo tienes motivación y argumentos infalibles para que el cerebro humano se enganche con lo que creaste; te invito a buscar la teoría para que entiendas mejor. Es entonces cuando al niño se le dice: en esta etapa vas a crear un robot, el que tú quieras, puede volar, saltar, moverse, hacer una tarea específica; el niño lo primero que hace es buscar el nombre para su robot, se lo empezará a imaginar, leerá de robots o creará algún robot que haga por él una tarea que a él no le guste; cuántos robots hoy hacen tareas que no nos gustan: ojo, un robot no tiene que tener cabeza y ojos con luces; hoy las neveras te hacen la lista de mercado, tienen TV, te avisan por WiFi cosas; la máquina para lavar platos o las aspiradoras automáticas que barren tu casa son robots; Bill Gates dijo: "Cuando tenemos que encontrar cómo realizar un proceso de manera más práctica y eficiente, reunimos a un equipo donde hay personas que son perezosas por naturaleza; estas son las personas más prácticas y encuentran más rápido cómo hacer una tarea con el menor esfuerzo posible", luego su robot tiene un porqué y un nombre; ahora deberán aprender matemáticas, geometría, programación y muchas otras cosas que también se aprenden en el colegio pero sin tener un porqué. Piensa en dos niños, uno entra a clase de geometría y matemáticas sin saber para qué le va a servir medir ángulos o plantear ecuaciones, y piensa en Azul, que va entrar a una clase para aprender los ángulos en los que su robot caminará. La motivación es completamente distinta, y además Azul no será calificada ni reprendida por perder una materia para la que no tiene motivación de aprender. Durante el desarrollo, cuando tienes un proyecto, tu motivación te acompaña durante todo el camino. Creas estrategias, aprendes de táctica, ejecución y finalización, pues al culminar la etapa Azul de seguro sabrá las mismas matemáticas que el niño desmotivado, pero solo Azul se juzgará a sí misma si terminó o no su robot y logró lo que ella quería, y cuando lo haga habrá aprendido el valor de terminar las cosas, y no como en los exámenes finales, no ver la hora de salir de eso, con el rechazo como sentimiento general.

Te preguntarás por qué te conté la historia de dos niños que no han llegado a la etapa de construir ese robot, porque en la vida real Azul soy yo, yo no soñé con un robot, soñé con Elcielo; cuando leí un artículo en una revista sobre el taller creativo de Arzak y El Bulli solo me tomó unos segundos soñar con un restaurante que tuviera uno. En medio de esa frustración que tenía con la educación tradicional, por fin tuve un sueño que se convirtió en un proyecto, que desde el primer día sabía su porqué, adónde quería llegar y qué quería crear, en resumidas cuentas, saber el Why, el porqué de las cosas, ver la luz al final del túnel y saber lo que quieres lograr; tenerla clara es la herramienta que más me ha servido para jamás perder el foco. Recuerda, tengo 35 y estoy a punto de cumplir veinte años de vida laboral y quince desde que empecé a cocinar; el camino es largo pero mis metas y mis sueños siempre los he tenido claros, por eso no me he desviado, y si puedo tener claros mis sueños, imagínate tú, que ahora ya sabes que soñar en grande es el primer paso.

Otra cosa bien importante entre la educación y la escolarización es que luego de que salías del colegio, en medio de la poca experiencia e inmadurez de esta etapa de la vida, es que te dicen: "escoja qué va a estudiar, pero escoja bien, que de eso va a vivir toda la vida", eso hoy es mentira, así que si tienes 18, ni de tus padres te dejes meter terapia ni miedo, tú no vas a escoger lo que quieras estudiar, vas a escoger lo que quieras ser, lo que amas y lo que sueñas. Toma la decisión tranquilo, que no es el fin del mundo, podrás estudiar otras cosas, de hecho, deberías estudiar otras cosas; he encontrado que el conocimiento de diversas disciplinas en una persona la hace profesionalmente más atractiva para una empresa o para su propio proyecto. Una de las mejores pasteleras del mundo empezó siendo arquitecta, uno de los mejores cocineros fue DJ. Carlos, quien escribió el prólogo de este libro, es quizá el mejor banquero de la historia moderna de Colombia y es abogado y humanista. Jürgen, quien escribió la intro, es mercadólogo neurocientífico; acá hay una pequeña lista de disciplinas que he encontrado que te ayudarán muchísimo: si estudias administración, estudia también psicología; si estudias psicología o mercadeo, estudia también biología; si estudias pastelería, estudia arte, arquitectura o diseño de producto; si estudias ingeniería, estudia algo que te enseñe creatividad, trata de aprender tanto cosas complementarias como cosas opuestas; si estás en medio de una carrera o ya te graduaste pero no sientes que eso es lo que quieras ser, estudia otra cosa; de seguro estás joven para aprender algo más, y lo que ya sabes seguro va a aportarte en tus nuevos horizontes, y cuando hablo de joven para aprender, hablo de alguien que conozco, manejó grandes empresas, llegó a sus 65, se jubiló y empezó a hacer una especialización en gestión humana. Alguien pensaría que a los 65, y con el dinero de la jubilación después de haber manejado grandes empresas, se quedaría tranquilo, pero quizá esa mentalidad joven y ambiciosa de conocimiento fue la misma que lo llevó a ser presidente, y no la iba a perder por jubilarse, y menos a los 65 años, cuando por expectativa de vida te faltan muchos años por vivir; tengo otra amiga que se retiró de 60, comenzó a estudiar italiano, francés e historia del arte y con sus ahorros se fue un año a visitar museos por Europa. Tengas la edad que tengas, la decisión que tomaste a tus 18 de elegir tu carrera no tiene por qué marcar el resto de tu vida; además, con las nuevas tecnologías, si no vas aprendiendo cada día más al mismo ritmo vertiginoso con el que el mundo evoluciona, algún día quedarás obsoleto y solo tuya será la responsabilidad. Así que a aprender cosas nuevas, cosas que ames.

11. CÓMO TRABAJAR EN FAMILIA Y NO DESTRUIRLA EN EL INTENTO

Cómo trabajar en familia y no destruirla en el intento ni quebrarse en el intento. Cuando trabajamos en familia, estos son los dos riesgos más grandes. Perder tu familia, perder tu dinero, o peor, perderlos ambos.

Si me preguntas a mí, preferiría perder mi dinero, que mi familia, aunque quizá haya personas que preferirían perder su familia, que su dinero, casos se han visto y muchos.

Empecemos por cómo no perder la familia.

Hay muchas situaciones que se presentarán cuando trabajas en familia; bien sea que te vaya bien o no económicamente, es imposible saber qué situación enfrentarás, pero sí podría mencionar una serie de actitudes que debes tener al trabajar en familia, que en mi caso no solo son los seres que amo sino mis mejores socios.

La primera es, como dice mi madre, "Llenarse de amor": los seres humanos solemos ser muy reactivos ante situaciones difíciles, frenarse a sí mismo, morderse la lengua, respirar y llenarse de amor es lo primero que debes hacer; la razón es que frenándote en ese instante y regalándote un tiempo (el necesario) para calmarte es la primera forma de no entrar en conflicto, que muchas veces nos lleva a decir o que nos digan cosas que hieren y con el tiempo generan brechas que años después son irreconciliables.

La segunda es la capacidad de diálogo, pero no en los buenos momentos, esos los doy por sentados, sino en los momentos difíciles, pues hay personas "incapaces de dialogar situaciones con las que no están de acuerdo", y cuando tú logras dialogar las cosas con las que no estás de acuerdo estás realmente dialogando, pues el diálogo entre personas que están de acuerdo es más una conversación que un diálogo.

Tercera, ponte en los zapatos del otro; mis padres, como lo menciono algunas veces en libro, siempre dicen "si quieres saber si estás haciendo las cosas bien, ponte en los zapatos del otro y pregúntate qué estarías sintiendo". Así, una vez te calmes y tengas esa capacidad de diálogo, hazte esa pregunta y podrás ser aún más imparcial; si logras estas tres cosas al enfrentar un diálogo saldrás con soluciones y una familia más fortalecida, habrás logrado uno de los conceptos más admirables de la humanidad, llamado "la no-violencia". Sí, este concepto que ha resuelto grandes conflictos sería más importante si todos lo usáramos y aplicáramos en el día a día.

Ahora hablemos de las expectativas y del equilibrio.

Todos los seres humanos estamos llenos de expectativas y valoraciones de situaciones y personas, especialmente cuando trabajamos con alguien. He tenido bastantes socios y siempre he creído en el equilibrio, y cuando no lo hay he tenido la capacidad para expresar mis expectativas sobre el trabajo que cada uno va a realizar y también la determinación para terminar sociedades cuando no lo siento; es por eso que antes de empezar la sociedad en familia, y de manera periódica, cada tres o seis meses, es importante sentarse y preguntarse: ¿quién no siente equilibrio, quién siente que está trabajando o dando más? Dialogarlo, ajustarlo y seguir. La razón por la que menciono esto es porque creo que la mejor forma de emprender es en familia, pero es el reto más grande; en cuanto a las expectativas, sencillo, "cuéntalas": empiezas una relación, una sociedad, una amistad, siempre tenemos expectativas, pero jamás solemos contarlas, ¿por qué? Puede ser pena, puede que sean más grandes de lo que sabemos que es la realidad con esa persona, o alguna otra razón; no te diré qué hacer en tus reacciones, pero en mi caso, tanto con mi esposa, con mi familia y con mis socios, en temas personales y de negocios solemos sentarnos a tener estas conversaciones, que algunas veces resultan incómodas pero son bastante saludables; siempre que no sepas cómo empezar, comienza así: "yo espero de ti… (esto) por (esto), yo estoy dispuesto a dar esto y me gustaría saber tú qué esperas de mí". También es válido que una de las partes diga: "Oye, no esperes eso de mí que yo no voy a hacer eso"; por lo menos no vivirás con expectativas que jamás pasarán, y luego anotas los compromisos de ambas partes, y así, unos meses después uno revisa el acta de una reunión y puede darse cuenta de si cumplió su compromiso o no. Para mí, al contar las expectativas, como la medicina preventiva estás arreglando problemas antes que aparezcan, porque nada genera brechas más grandes que la gente que no cuenta las expectativas y durante años se llena más de mala energía, hasta que un día llega a un punto de quiebre, y el otro ni sabía que estaba haciendo algo malo. ¿De quién es la culpa? Pues tuya, al no contar tus expectativas; el otro seguramente no puede leerte la mente.

En cuanto a la inteligencia emocional y el sentido común, ayyy, dolor, estos son en mi experiencia los menos comunes;

desafortunadamente, los colegios y universidades no enseñan inteligencia emocional y sentido común, quizá porque ni siquiera en muchos casos sus docentes lo sepan; es que no es fácil, creo que toda mi vida he tenido sentido común, esto porque desde mis 12 años mi padre me decía: "El sentido común es el menos común de los sentidos", y luego me decía que en su opinión los abogados, al tener que redactar, leer y entender muchos casos en sus carreras, suelen tener mejor sentido común. Esta era la razón por la que desde esa edad, él cada contrato que teníamos me hacía leerlo y comentarle lo que veía detrás de las letras, en derecho, encontrar el fondo y no la forma; los abogados me entenderán: hoy leo y redacto todos mis contratos, hago las cláusulas, los anexos, y luego también, por sentido común, le pido a él que me dé una segunda opinión.

Recuerdo que hace unos años, cuando iba a abrir Elcielo Miami, me tomé tres meses redactándolo, junto con mi abogado de Miami, un contrato de 200 páginas en inglés con más de quince socios y ocho sociedades distintas, de diferentes países. Cuando firmamos el acuerdo, salió toda la oficina, más de quince personas del bufete, a decirme que jamás habían visto un cliente que se sentara semanas enteras en la sala de juntas de ellos a ayudarles a redactar un contrato, que era el cliente más detallista y trabajador que habían conocido; cuando me llegó la factura, donde había algunas horas de abogado a 450 dólares, la factura venía con el 50% de descuento, gracias a Dios, porque era tan alta que sin descuento en ese momento no hubiera tenido con qué pagarla, jeje. En cuanto a la inteligencia emocional, esa sí es más nueva en mi vida, siempre he sido muy reactivo, papeleta, y fue a través de los años, de la inteligencia y frialdad para los negocios de mi papá y la paz interior de mi madre que fui calmando esa reactividad que para mi propia autocrítica no era nada más que estupidez emocional. Sí, la verdad, ahora que lo entendí en mi vida, cuando veo a alguien que no tiene inteligencia emocional, pienso, "yo sí era muy estúpido"; evidentemente pienso lo mismo de la persona que me lo recordó, y cuando les digo que solo hasta hace poco no sentía tener inteligencia emocional, no hace más de tres años soy consciente de tenerla, lo complicado del tema es que cuando no la tienes, no sabes que no la tienes; lo mejor es preguntar a alguien que te quiera, entienda el concepto y sea crítico, y de esa manera lo podrás saber, y no se te ocurra preguntarle al amigo incendiario que siempre te da pie a engancharte más en peleas, ya sabes cuál es ese amigo, ese es el ancla; procura que en menos de un año a partir de hoy no sea más tu amigo, así lo quieras mucho. Recuerda: las anclas te hunden.

Perder dinero en familia

No estar organizados es la primer razón para perder dinero; cuántas personas ganando dinero en el negocio no lo ven, empiezan a llenarse de costos, burocracia, y de repente se voltea la arepa y está cruda por un lado y resulta quemada por otro; de repente comienzan a perder dinero por ese desorden, y chao, por no decir se van a la verg… En ese momento el ser humano tiene que buscar un culpable, pero nadie lo busca en el espejo del baño, siempre lo buscan donde no hay espejos, culpan a algún miembro de la familia o socio, y ahí empieza a quebrarse la familia. También si tienes la inteligencia emocional y el sentido común para reconocer que tu familia no es la ideal para ser tu socia, no lo hagas; lo mío es una caso entre miles, y por eso al principio te dije que el libro era nada más que opiniones y experiencias propias y no verdades absolutas. Creo que para emprender no necesariamente tienes que hacerlo con tu familia; hay miles de casos de éxito de personas que lo hicieron sin sus familias, pero creo firmemente que si lo haces con ellos o te apoyan, las cosas serán mucho más fáciles. Si estás organizado, si las expectativas, los roles y compromisos están claros, sabrás dónde estás perdiendo dinero y enfrentarás el problema de frente, habrá menos juicios, no se perderá la familia o la sociedad.

Elcielo a 2018 lleva once años; hemos tenido miles de discusiones y desacuerdos y puntos de vista radicalmente diferentes, pero jamás nos hemos faltado al respeto y hemos permanecido unidos, y más de cuatro veces, una vez por más de un año, nos quitamos todos los sueldos; no había con qué pagarnos. De hecho, los dos primeros años yo no tuve sueldo; las facturas de servicios las pagaba por Elcielo; recuerdo que no mercaba, sino que desayunaba, almorzaba y comía en Elcielo. Esto fue ya hace once años, pero se me volvió costumbre y aún hoy, once años después que las cosas van excelentes, mi esposa me pregunta qué voy a desayunar y yo le respondo: "Nada, yo desayuno en Elcielo", aunque desde que nació Azul sí he cambiado un poco y me quedo hasta tarde en la mañana trabajando desde la casa.

Recuerda: ser emprendedor se trata de generar cambios, no empresas, de superar retos, de tener la capacidad de perseguir los sueños, no de soñar, pues todos soñamos, pero solo los emprendedores sueñan y van por él las veces que sea necesario hasta lograrlo. Creo que si estás con tu familia va a ser más fácil afrontar los retos y saldrás más fácil de los problemas.

12. BUEN EMPRENDEDOR

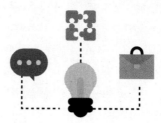

Hay síntomas para buenos y malos emprendedores; acá señalo algunos para reconocer un buen emprendedor.

Si no puedes con las uñas, no podrás con todas las herramientas. Los buenos emprendedores son poco burocráticos, recursivos, positivos, con buena actitud, y siempre creen y actúan sabiendo que pueden, así no tengan todas las herramientas; recuerdo que cuando abrí Elcielo teníamos poco dinero (para un restaurante), alrededor de 75 millones de pesos colombianos. Remodelamos el comedor, unos amigos hicieron los muebles; remodelamos los baños, pusimos el jardín y se nos acabó el dinero; no tenía dinero para la cocina, quedaban 5 millones y había que mercar; ese día me fui al centro de la ciudad y conseguí un carro de perros usado, tenía cuatro fuegos (dos no funcionaban), una plancha y un baño maría; lo llevé al restaurante, boté la carpa, lo metí en la cocina, le quité las ruedas, entré una de las mesas del comedor; allí puse un termocirculador, una máquina de vacío y un rotoevaporador y no tenía campana; cocinábamos a 52 grados centígrados, y a los tres días compré un ventilador para que el humo no se saliera al comedor; soñaba con mi taller creativo, pero trabajaba con las uñas. Hoy, después de once años, tengo uno de los talleres creativos en cocina más grandes de Latinoamérica, trabajamos más de veinte personas, creamos más de 350 platos al año para nuestros restaurantes y bares, y a cargo nuestro está la atención de más de 150 mil clientes al año y 50 mil menús de degustación. Ya sabes, si no puedes con las uñas, no podrás con todas las herramientas.

Otra historia bonita de esa época fue el primer día que cociné en Elcielo; fui a mercar a la Minorista y a la Placita de Flórez, en Medellín; cuando estaba en la Placita, recordé que en el segundo piso vendían hierbas frescas, subí y busqué la yerbatera de más edad, porque son usualmente las que más saben; cuando la vi, parecía una con su local, se mimetizaba, tenía arrugas, síntoma no de la vejez sino de su experiencia, y tenía muchas hierbas frescas, otras secas y algunos frascos de menjurjes y preparados. Le pedí albahaca, tomillo, romero y cilantro, me empacó los manojos todos juntos, mojó un periódico y lo envolvió alrededor de los tallos del manojo, me lo entregó, y yo le di 20 mil pesos, unos 7 dólares; era un manojo grande, y yo le di las gracias, me volteé, y cuando me iba a ir me dice: "Espere, para dónde va, le tengo que devolver, son 2.400, no 20.000". Yo le dije: "Señora, tranquila, déjelo así, que Dios la bendiga". Ella me responde: "Espere, joven, ¿esas hierbas pa' que son?". Yo le dije: "Hoy abro mi restaurante y estas yerbas son para la primera comida que voy a preparar". Me dice: "Espere". Tomó un tarro de unas hierbas aromáticas en espray y me dijo: "Eche esto siempre de afuera hacia adentro, y los clientes siempre van a entrar", se llama el "SIEMPRE ENTRA", y desde que abrimos Elcielo Medellín hasta hoy hemos estado al 90% de ocupación en promedio todas las noches que abrimos durante once años, no importa la época del año, ni si es lunes o viernes, siempre entran, siempre llenos, porque como dicen en Fredonia, "yo no creo en la brujas, pero que las hay las hay", y yo conocí una buena.

Otro buen síntoma de un buen emprendedor es su cultura de aprendizaje, hábitos de lectura, siempre abierto a nuevas culturas y nuevos puntos de vista, es viajero y tiene buena actitud frente a todo. Hace un tiempo vi por internet una conferencia extraordinaria del español Victor Küppers sobre la actitud; básicamente él explicaba cómo medir un ser humano con esta ecuación:

¿Cuánto vales tú como persona?

$$(C+H)^A = (conocimientos+habilidad)^{actitud}$$

Vale la pena verla, pero para resumírtela, el conocimiento y la habilidad, por más que tengas, solo suman, y la actitud multiplica de manera exponencial.

Ahora bien, de 1 a 100, la persona A tiene 100 en conocimiento y 100 en habilidad y 1 en actitud.

$$(100+100)^1 = 200$$

Peor aún si tiene 0 actitud y 100 en conocimientos y habilidades

$$(100+100)^0 = 1$$

Y ahora mira la actitud

$$(1+1)^{100} = 1,267,650,600,000,000,000,000,000,000,000$$

Trata de leer este número; ahora imagínate con un poco más de conocimiento o habilidades. ¿Cierto que difícil de leer? Así serás exitoso si tienes actitud. La verdad, me puedo estar equivocando pero en inglés serían, mil doscientos sesenta y siete millones, seiscientos cincuenta mil seiscientos sextillones, o un poco más de 1.2 decillones. Recuerda que los números en inglés y español después del millón se leen diferente, pero lo más importante es que recuerdes que tu actitud valoriza tu vida en muchos ceros.

13. MAL EMPRENDEDOR

¿Has escuchado a alguien decir "¡Voy a emprender y a hacer lo mío porque no quiero que nadie me mande o no quiero jefes!" o "¡Voy a emprender porque es *cool*!"? Estás viendo a alguien saltar de un avión sin paracaídas. Cuando alguien mencione esto, pregúntale: "¿Y qué quieres hacer?, y si responde "¡No sé!, algo se me ocurrirá", ya saltó sin el paracaídas, y si te responde "No sé pero mi papá (o algún familiar) me va a apoyar", ja, lo que estás viendo es alguien que se va a tirar sin paracaídas y va a jalar de la mano a ese familiar.

Ser *cool*, nada pero nada tiene que ver con emprender o emplearse; quien te dijo eso te mintió, ser *cool* se trata de hacer lo que ames y te destaques en eso; si me preguntas de qué se trata este libro además de la familia, se trata de hacer lo que ames, pero antes debes descubrirlo, como lo veremos en el *tip* 23.

¿Alguna vez viste a Tim Cook, el CEO de Apple, o a Barack Obama, James, Cristiano, Messi, un director de ópera, o al presidente o creativo de una empresa que admires? Todos son empleados; de hecho, Jürguen, quien escribió la intro de este libro y es un emprendedor nato, y Carlos Raúl Yepes, quien escribió el prólogo, es expresidente de Bancolombia y empleado retirado, son dos de las personas más *cool* y que más admiro, uno emprendedor y el otro empleado. Mi admiración hacia ellos no viene porque tenían o no acciones en la empresa donde trabajaban o de donde venía su salario; mi razón para admirarlos es porque en el sentido real de la definición de *emprendedor* ambos lo son, es decir, son personas que generaron cambios, muchos y muy radicales, para bien de sus entornos. Jürgen está democratizando la educación a través de su Fundación BiiA, y Carlos cambió tanto la banca en Colombia, que prácticamente podríamos decir que le dio alma al banco; ellos son generadores de cambios, ellos son *cool*, al igual que las extraordinarias personas que mencioné arriba.

Así que preocúpate si no quieres jefes porque vas a estrellarte, y más bien ocúpate de hacer lo que amas; muchos cocineros que conozco con el cuento de emprender terminaron abriendo su restaurante, pasando más tiempo comprando, en contabilidad y atendiendo a sus clientes; salieron de sus cocinas a hacer cosas que no amaban y que no sabían, solo por ser emprendedores, y al salirse de la cocina a hacer cosas que no sabían su negocio se terminó yendo por la borda; en cambio cuántos cocineros felices en buenas cocinas, bien pagos y pudiendo crear y hacer lo que aman, así para los arquitectos, diseñadores o cualquier profesión.

Amo los dichos, así que acá viene otro con su explicación de fondo.

"El mundo les abre paso a los hombres que saben adónde van", así es el dicho, pero para que lo entiendas bien lo voy a continuar: si hay una multitud parada junto a un precipicio, tú vas caminando perdido y vas derecho a caerte, de seguro la multitud te parará y no dejará que te caigas. La razón es porque no sabes adónde vas, pero si tú tienes puestas unas gafas, un paracaídas, y corres al precipicio, seguro la multitud se abrirá y te dejará saltar, ¿por qué?, pues porque ellos saben que tú sabes adónde vas, a nadie le importará si el paracaídas abre o no, esa es tu responsabilidad, no la de ellos. Ya entiendes por qué cuando tienes claro lo que amas y adónde vas el mundo te abre paso: es igual en la vida.

14. EL FRACASO Y LA DERROTA

Aunque esta reflexión la podrás encontrar leyendo libros de autoayuda o liderazgo, no quería dejar pasar una de las reflexiones que más me han ayudado a diferenciar entre un ganador y un perdedor, o una actitud ganadora y una perdedora.

El fracaso es cuando la mente te domina y te dices que no puedes ni lo intentas; en ese momento de pereza, debilidad mental y falta de actitud "FRACASASTE", y lo hiciste con mayúsculas.

En cambio cuando en tu mente y corazón lo visualizas, sabes que puedes, pases por lo que pases, no dejas de mirar adelante a tu foco, a lo que amas y deseas, puedes caerte, algunos lo llamarán derrotas, pero para ti es solo un pivote, porque así estés en el piso, te estás parando, mirando al frente, yendo hacia adelante, porque cuando llegues habrás conocido el suelo, el dolor, quizá algunas derrotas, pero sabrás que jamás fuiste un fracasado, porque aprovechaste tus errores como agente de cambio y de aprendizaje, porque usaste las críticas para aprender tus puntos débiles, porque sabes que lo dulce no es tan dulce sin lo amargo, así como el café amargo acompaña perfecto un postre, porque sabes que al dar el primer paso ya dejaste de ser un fracasado, y estás en el camino de ser un ganador. Recuerda que la carrera es contigo mismo, que eres un fénix, que renace de las cenizas cada vez más fuerte hasta llegar a lo que te propusiste desde tu corazón.

Cuando te tropieces con la piedra acuérdate siempre que con ella construirás tu castillo, que el suelo es solo una enseñanza para los ganadores porque los fracasados y perdedores se quedaron en cama.

15. EL ARTE DE LO POSIBLE

Hace un tiempo, durante una visita a Popayán, una pequeña y hermosa ciudad de Colombia, tuve la oportunidad de subir un volcán a 4.650 metros de altura llamado "El Puracé"; la verdad, no me había preparado para subirlo, pero tenía la determinación de hacerlo. Me dije: "O subo o me muero en el intento"; no había tanto riesgo de muerte, pero esta es una frase que siempre tengo cuando estoy determinado a hacer algo, sin embargo la subida no era fácil. Había leído en un libro de supervivencia que tomarse media pastilla de Viagra ayudaba a respirar mejor, así que ya se imaginan cómo subí de animado, jejej; al otro día debía dar una conferencia en Popayán, y debía escribir una reflexión para los jóvenes que atenderían la charla; había 50 cupos; cuando llegué, tres días antes había 300 en lista de espera y seguían llegando; por alguna razón (yo sé cuál pero no voy hacer quedar mal a nadie), el instituto donde debía dar la charla cambió el día, la hora y el lugar de la conferencia. Escribí esta reflexión, y cuando llegué a leerla, a aproximadamente 300 jóvenes, había 5; pues claro, si cambias el lugar, el día y la hora y no les avisas a 300 personas, nadie va a llegar; ese día no la leí, en cambio me bajé del escenario e hice un conversatorio para interactuar más con los 5 chicos que me encontraron camino al lugar, en fin, cuando Pedro, mi asistente, me ayudaba a organizar ideas y notas que tenía para el libro, leyó esto que escribí y me dijo: "No lo dejes por fuera". Está un poco fuera de contexto pero es un escrito que suelo leer y me hubiera gustado escuchar de alguien, así que acá va.

"El arte de lo posible. Nos encontramos en una era maravillosa, donde la imaginación, la curiosidad y la capacidad humana han llegado a fronteras inimaginables. ¡No son ustedes el futuro de este país, son el presente, el aquí y ahora, el agente de cambio, el motor y al mismo tiempo la gasolina de la transformación creativa, cultural y social, son ustedes quienes dejaron de ser soñadores para ser creadores, creadores de sus vidas!

Vivan sus sueños, den sus vidas por ellos, pero háganse responsables también de trabajar incansable, estoica y honestamente, sean responsables del medioambiente, de generar cambios en su entorno, de dar valor y propósito a las ciudades donde viven.

Nos encontramos en una era maravillosa donde aproximadamente el 90% de los científicos que han existido en toda la historia de la humanidad están vivos, y casi el 45% de la humanidad tiene menos de 40 años. ¿Ya me entienden por qué les digo que ustedes no son el futuro sino el presente?

Somos la generación que no aceptó un no, la generación donde nada es imposible, y son la creatividad, la constancia y la pasión las que llevarán sus metas a hacerse realidad, no olviden nunca que cada meta debe siempre tener ese sueño, ¡pero siempre debe llevar un propósito! Estamos llamados a alinearnos en misiones imposibles, a soñar en grande y a hacer esos sueños realidad, sueñen en grande, pero no solo sueñen para ustedes, sueñen para todos, sueñen mundos donde todos quepamos y donde todos sumemos; ¡son estos grandes sueños a los que todos queremos pertenecer!, atrévanse a soñar, que la gente vendrá, atrévanse a soñar pero solo por un segundo, pues son los millones de segundos que vienen después llenos de trabajo los que los traerán a la vida, cáiganse cuantas veces sea necesario; mientras sigamos andando, no importa cuántas veces caigamos, pues somos la generación donde una caída no es una derrota, sino pivotes en la carretera destapada de los sueños, rompan límites y vivan intensamente y recuerden decirles a aquellas personas que les dicen que algo es imposible: 'Es imposible para ti. ¡No para mí!'. Es esa la estrella que llevo tatuada en la cabeza: si ya lo creé en mi mente, lo creo en mis manos; si puedes imaginarlo puedes crearlo, si crees que la imaginación no tiene límites, puedo darte fe de que si vives por tus sueños la realidad es mucho más grande que la imaginación; yo con todo y lo que he soñado, ¡jamás hubiera imaginado todo lo que he vivido!

¡Muchos ponderan la experiencia, al igual que yo! ¡Pero igual de importante es la inocencia! Esa mirada sin prejuicios ni límites prestablecidos! Una gran herramienta para proponer nuevos mundos, y es la pérdida del miedo lo que les permitirá explorarlos, muévanse rápido y quiebren los límites, muévanse lento y respiren la vida, aprendan a fallar, aprendan a aprender, abracen también la inocencia; cuando algo es nuevo, la experiencia no siempre sirve, y es lo que no sabes lo que te ayudará a ver las cosas que otros con experiencia no vieron, solo debes creer en ti, y no solo debes permitirte vivir cada instante como el último, sino también como el primero; el permitirse ser ingenuos, inocentes y curiosos, y vivir cada instante como un niño de cinco años descubriendo el mundo, es lo que les permitirá vivir la vida más allá de sus límites; vivirás cada instante como el último y cada instante como el primero… Así, cada instante será único".

Y mientras escribía, Azul pasó bastantes horas dormida en mi pecho, y cuando se despertaba quería escribir o pararse en el teclado; esto fue lo que quedó…

Ç.©ÓÁ

∑´Œ   Ï.>B P./—Æı√√√√√√√√√√√√√√√√√√√√√√√√√√C
Ç Ø§≥÷÷÷]=====================’
.....................hgvty bm
[;pl0-o- p\][[[[[[[[[[[[[[‘
\]]=/oli;;;;;[boh[[[[]lteu ny

Azul Barrientos L.

16. APRENDE A VENDER...TE

Para resumir este *tip* en una frase, sería algo así como "Sueña, haz lo que ames, logra cosas increíbles y deja que tus logros hablen por ti y así te venderás solo".

Aunque creo que la frase es cierta, es vital que, hagas lo que hagas, sepas vender y sobre todo creas tanto en lo que hagas que te vendas a ti; venderte a ti es hacer que la gente crea en ti, y eso toma años, logros, derrotas y más logros. Ahora bien, hablemos de ventas: al principio les contaba que trabajé para una empresa de plásticos por siete años y básicamente vendía contenedores de plásticos para las fábricas de botellas, bolsas y juguetes; empecé a manejar este negocio junto con mi padre, quien era su representante, y un año después, a los 18, heredé el negocio de mi padre y lo manejé hasta mis 24 años, cuando me dediqué a Elcielo. En el momento que yo comencé a manejar el negocio vendíamos unas 1.000 toneladas de plástico, pues el negocio primario de mi padre eran el papel y el cartón; como el plástico iba a ser mi negocio y las comisiones en los *commodities* son muy bajas (muchas veces son hasta del 1%), hay que vender mucho para poder ganarse la vida; fue entonces cuando empecé a aplicar muchos conceptos que mi padre me enseñó, hasta que un día decidí aplicar una idea bastante transgresora; luego me di cuenta de que este principio es parte de un principio de creatividad que se llama *Think Po*, pensar en negativo, y no hablo de negatividad o mala onda, hablo de que si algo es de una manera, no lo aceptas de ese modo y dices: qué pasa si ante algo que se ha hecho de una manera siempre dices que no, y lo haces al revés; fue así como dije: "Yo represento un bróker y soy vendedor, busco fábricas y les vendo. Voy a representar ese bróker, pero no voy a vender plásticos de él al cliente, sino que voy a representar al bróker pero voy a ser comprador de la fábrica". Eso cambiaba las reglas de juego y me hacía un poco juez y parte, pero ¿cómo aplicaba esto y seguía siendo transparente con ambas partes? Sencillo, el bróker me daba un precio base para empezar a negociar; todos sabemos que ese precio baja siempre con la negociación. La pregunta de un buen vendedor o un buen comprador es cuánto va a bajar, entonces llamaba al cliente y le preguntaba cuánto quería comprar, digamos que tres contenedores; yo volvía donde mi bróker y le pedía descuento por dos contenedores y él me lo daba; yo cerraba tres, y mientras cerraba tres iba donde el bróker pero no le decía y le pedía más para los tres que ya tenía cerrados; volvía adonde el cliente con un precio mejor (digamos, con una diferencia de 20 dólares) pero le decía que si me cerraba cinco contenedores le podía dar 10 dólares de ahorro; cerraba cinco, y cuando hacía la orden de compra le hacía 20 dólares de descuento; todos ganábamos: el bróker se llevaba la sorpresa que en vez de vender tres vendimos cinco a un precio que le servía; el cliente ganaba pues se llevaba la sorpresa que después de firmar una orden de x dinero le llegaba su orden más barata, y eso en 100 toneladas es bastante, y el bróker y yo, en vez de vender tres, vendíamos cinco, ¡todos ganábamos! ¿Cómo? Simplemente pensando: en vez de venderle a mi cliente, me convertía en su comprador, y cuando el cliente me preguntaba por qué después de cerrar la orden en un precio le había dado descuento que él no había pedido, yo le respondía: "Yo no te vendo plásticos, yo soy tu comprador de plásticos y siempre voy a conseguir tu mejor precio, vale más tu confianza que los 10 dólares", y a mi bróker también le era claro: "Yo para usted trato de vender lo que más pueda". Y para el cliente, conseguirle el mejor precio que pueda. Cerca de los 23, y apenas empezando en Elcielo, fui a la convención de ventas de toda la empresa, y quedé como el mejor vendedor en la relación *capacidad de compra del cliente vs. ventas* en todo Latinoamérica; en ese momento me ofrecieron apadrinarme durante unos diez años con estudios e idiomas para convertirme en un ejecutivo de la empresa, pero me pusieron la condición que debía cerrar Elcielo; eso en vez de empujarme a cerrar me empujó a renunciar y a dedicarme solo a Elcielo; pase unos años difíciles pues no tuve salario, pero amaba lo que hacía.

Otra cosa que debes saber al vender, pero esto quizá lo cuente más adelante en otro libro es que los seres humanos tenemos dos modos de gasto de dinero: uno es por necesidad y el otro por ocio; mira cómo tú tienes el dinero de los servicios, la administración y la deuda del banco justo todos los meses, pero siempre dejas un monto más laxo para el ocio, gastas todo lo de necesidad exacto, y cuando llegas a tomar una cerveza o estás de vacaciones o en un restaurante, en tu billetera, además de llevar dinero, llevas una tarjeta que se llama "ya que": ya que estoy acá pues pidamos vino, ya que estoy en Cartagena me compro la camiseta, ya que me tomé una voy a invitar un amigo, ya que, ya que, ya que... Los *yaques* de la vida son la razón por la que en la caja del mercado hay dulces, que son ocio; puedes mercar verduras, pero ya que estás mercando... una chocolatina. La razón por la que gastas así es porque todos los seres humanos estamos dispuestos a gastar 30% más de lo que estimamos en nuestros momentos de ocio, y esto lo sabemos las empresas y lo aprovechamos; por eso, cuando vas a Elcielo al final te decimos:

"¿Quieres llevar una bolsa de nuestro café?", y tú de seguro dirás: "Ya que… vine a Elcielo, con el café sigo la experiencia en la casa", y lo comprarás. Para esto se usan las neurociencias aplicadas al consumo: "Darte lo que quieres y no lo que crees que quieres, darte una experiencia, valga lo que valga", o ¿por qué crees que se venden los Ferraris habiendo Renaults?

17. APRENDE A FALLAR

Aprende a fallar y pierde el miedo, solo así aprenderás a aprender de tus errores.

Hace un tiempo conocí un joven que quedó cuadripléjico; muchos doctores le dijeron que quedaría así de por vida; él no creyó eso en su corazón y estaba convencido de que volvería a caminar. Alguien le dijo que todo cicatrizaba en nueve meses y que después de eso no había esperanza; él se miraba todos los días los pies y les daba la orden de moverse; como a los ocho meses ya caminaba con muletas, y cuando él empezó a caminar, a lo que más miedo le tenía era a caerse, pues temía que un mal golpe lo volviera a dejar cuadripléjico; era un miedo completamente normal, pero él cuenta que un día llegó un entrenador a hacerle fisioterapia, y cuando terminaron de hablar e iban a comenzar a entrenar, lo primero que el entrenador hizo fue empujarlo suavemente, pero bastó para hacerlo caer; nada pasó porque el entrenador sabía que ya había cicatrizado; de ahí vinieron muchos entrenamientos y muchas caídas, y él hoy camina cada día mejor. Es una persona que me inspiró mucho conocerla, sobre todo, primero, por vencer lo que otros veían como un imposible, y segundo, porque hizo de su mayor miedo su mayor fortaleza, y de eso se trata esta reflexión, de aprender cuando fallas.

Justo cuando caes es el momento en el que debes mirar todo y a todos; el suelo es una nueva perspectiva, donde puedes con total claridad ver lo realmente importante; verás el tiempo perdido en personas o actividades que no te aportan y empezarás a construir sintiéndote más liviano. Mira bien en esos momentos quién está a tu lado, quién te ayuda a levantarte y quién no; aprender a fallar también tiene que ver con admirarte a ti mismo y entender que todos caemos, pero son esa admiración, ese convencimiento de que para ti nada es imposible, los que te harán parar. Recuerda, no importa si caes 100 veces, solo asegúrate de levantarte 101.

Otra reflexión que recuerdo puede servirte son los errores como recurso creativo. En el capitulo de Eeducacion vs. Escolarizacion te mencione que las escuelas matan la creatividad. El principal error al estandarizar las edades de aprendizaje de los niños es la de castigar el error; básicamente te enseñan que equivocarte está mal y que cuando otro se equivoca debes juzgarlo. Esto es mentira y es la razón básica por la que mi hija no estudiara en un colegio tradicional. Yo no quiero un profesor diciéndole que está mal equivocarse. Los errores, si los cometes, son un proceso de aprendizaje, son normales, y solo si los aprendes a mirar, a aprender de ellos y a usarlos como un nuevo punto de vista que jamas hubieras mirado en circunstancias normales, se convierten en nuevas posibilidades y en un recurso creativo. Eso si, tampoco te enamores de ellos y no los conviertas en un escudo para tu ineficiencia e ineficacia. Otro punto que es bien importante en este proceso es reconocer los errores por mediocridad: estos si critícatelos y siéntete mal si los cometes, pues o haces algo y lo das todo para hacerlo o no lo haces. Vas a quedar mal contigo si eres mediocre y vas a quedar mal con otros, cerrando muchas oportunidades, pues cuando cometes errores por mediocridad, encuentras excusas y razones para no hacer las cosas, pero cuando los cometes con amor y pasión, estos, a través de la resiliencia se convierten en tus fortalezas. Recuerda que las personas ganadoras no dejaron que ni los errores, ni las excusas, ni las razones interfirieran en el camino hacia la meta.

18. APRENDE A APRENDER Y TEN ACTITUD

No me vas a creer dónde aprendí a aprender. Me gusta mucho el cine, especialmente las películas de acción de Hollywood; un día estaba viendo una película que se llama *Swordfish*, se trata de una banda de *hackers* que robaban dinero y vivían bastante bien; ellos eran bastante inteligentes y tenían carros bien raros. Hay una escena donde el líder de la banda iba manejando y los empiezan a atacar; él gira el carro, frena, saca un arma y comienza a disparar; él dice al otro que se pase a conducir y luego se monta en medio de la acción, y le dice al otro: "Maneja". El otro mira la palanca y los controles y se ven bien diferentes, en especial hace más de diecisiete años, y le responde: "No sé", y el otro le responde: "¡Aprende!". Él vuelve a bajar la vista, pero en vez de mirar, esta vez observa, rápido pero observa, mueve la palanca y arranca. Sí, ya sé, es una película, pero en ese instante, en medio de mis crispetas que tanto amo, me di cuenta de que con solo observar las cosas y sentido común tú puedes aprender solo; para esa época tuve la oportunidad de estudiar un corto periodo en uno de los colegios más maravillosos que he conocido; se llamaba el Fontán, y allí no había clases y los profesores no te enseñaban nada, no había tareas, y en cambio había Taus o textos autodidácticos. El señor Fontán inventó un genial método de educación que se basaba en la comprensión de lectura de estos Taus, y sí, había profesores, pero estaban solo para explicarte, ibas a tu ritmo y era responsabilidad tuya si trabajabas en tu casa o en el colegio; si me preguntas cómo aprendí a aprender, creo que fueron las visitas a las fábricas a aprender cómo se hacían las cosas, leer contratos, encontrar la forma de las cosas y despertar el sentido común y ser curioso; desbaratar cosas para ver cómo son por dentro te ayuda a ser autodidacta y es una de las cosas más maravillosas que te pueden pasar; de hecho, recuerdo que antes de ir a Arzak, y aprender sobre nitrógeno, leí sobre sus principios, compré un termo y empecé a experimentar; debo confesar que corrí riesgos, de hecho, un día quería congelar un sorbete alcohólico de mora a -196 grados Celsius; lo metí en el nitrógeno, lo congelé y lo probé: la cuchara se pegó a la lengua tan duro que cuando jalé me quedó un hueco en la lengua, juré que me quedaría así para siempre, gracias a Dios al mes se curó del todo. Ser inquieto, preguntar, investigar y ser curioso son una virtud, todos la tenemos pero la dejamos dormir, ¡despiértala!

También quiero explicarte algo que considero es uno de mis mayores métodos, e incluso secretos; pocas veces los menciono porque las personas quieren las cosas masticadas y desmenuzadas, pero hay conceptos complejos que si quieres entenderlos debes usar un poco más tu cerebro; estos son algunos que comprendí, interioricé y aprendí a aplicar en muchos aspectos de mi vida. Ojalá investigues más de ellos y llegues a comprenderlos, pero sobre todo aprende a aplicarlos en muchas situaciones de tu vida.

Sistema complejo

Para entender lo que es un sistema complejo —algo que aplico a mi propia forma de trabajar en mis negocios—, primero hay que conocer algunos conceptos claves:

- Las *propiedades emergentes* son aquellas que surgen de la unión de sistemas complejos, sin que estas en su singularidad puedan explicar las propiedades exactas del factor emergente; en otras palabras, un padre por sí mismo nunca podrá explicar a su hijo, ni siquiera los dos padres antes de tenerlo serían en sí mismos una explicación de lo que pueden juntos generar, o en otras palabras, la semilla nunca podrá explicar la flor, y aun así, ¡mira el resultado!
- El *pensamiento sistémico* consiste en no ver la suma de las partes como un todo, sino en ver un todo como la suma de las partes. Esto hace que se observe cada subsistema y sea más fácil su comprensión; cada sistema, a pesar de tener un solo fin, que es sobrevivir; a su vez, cada subsistema tiene sus propios fines y cada uno tiene objetivos diferentes.
- Psicología Gestalt: aunque el pensamiento sistémico sirve para desarmar todo por sistemas y comprenderlos uno a uno, la Gestalt concluye que "El todo es mayor que la suma de sus partes"; en el fondo, todo está relacionado con la teoría de sistemas complejos.

Una experiencia —menú de degustación que se sirve en nuestros restaurantes— de Elcielo es creada a partir de la teoría de sistemas complejos, haciendo uso de múltiples disciplinas y ciencias que, aunque no están relacionadas, crean entre ellas propiedades emergentes inexplicables. Desde todos los componentes que conforman la experiencia final se van creando subsistemas del pensamiento sistémico, que a su vez, aunque hacen parte de sistemas con un fin común (su comprensión y creación), están basados en subsistemas (platos o momentos), que, aun teniendo el fin común de su sistema (la experiencia total o niveles de estimulación neuronal), tienen objetivos específicos y únicos como la estimulación de los sentidos, cuya comprensión implica entender sus raíces antropológicas, biológicas y psicológicas, como son, por ejemplo, borrachera seca, la infancia o la búsqueda de bordes, cuyo fin común es generar una experiencia basada en la psicología Gestalt, donde la experiencia total es mayor que sus partes, concluyendo en lo que las neurociencias llaman *una vivencia con altos niveles de efectividad neuronal*, o como diríamos en Medellín, "fuiste a Elcielo y pasaste bueno". Es algo memorable que nunca olvidarás.

Sé que suena complicado, pero no lo es, la verdad, me gusta ser más sencillo al escribir, pero creo que puede ser de gran aporte para tu vida leer más de estos conceptos, aprenderás a ver el mundo de manera diferente, verás la grandeza de todo pero comprenderás las partes como elementos únicos.

19. APRENDE A SOÑAR

Si solo pudieras leer un *tip* de este libro me gustaría que fuera este, creo que es el corazón del libro, aprender a soñar es quizá lo mejor que pueda enseñarte, solemos hacer dos cosas al revés o mejor dicho al derecho cuando ambas son al revés, soñar y planear. Soñamos de manera realista y planeamos los sueños y la vida al derecho.

Hablemos primero de soñar: la mayoría de los seres humanos son realistas al soñar, y esto quizá se deba a una herencia de nuestros padres y abuelos que, en nuestra adolescencia, cuando un niño decía soñar con algo, la respuesta era "sea realista" o "sueñe con cosas que puede lograr"; en mi opinión, es más fácil lograr un sueño imposible para alguien determinado que lograr un sueño realista para alguien que no lo ame, y este segundo es el más común, la mayoría de la gente que he conocido no saben soñar o tienen sueños demasiado pequeños y débiles, o son realistas, y por eso se les hace difícil darlo todo por lograrlos y jamás los logran. En cambio, los apasionados que soñamos con imposibles para el resto, pero que estamos dispuestos a darlo todo por ellos, lo logramos más fácil; en resumen, si no sueñas con algo tan grande, tan inverosímil, que te genere tanta pasión como para dedicar tu vida, y en cambio sueñas con cositas, jamás lo lograrás. Haz de cuenta que estás en el campo y tu sueño es un árbol, que se ve no muy lejos; cuando vas tras él encuentras quebradas, riachuelos colinas, y te terminas perdiendo. Ahí ves otro árbol, vas hacia él y vuelves y te pierdes; así te pasas la vida hasta que dejas de creer en ti y en tus sueños, te sientes frustrado y conformista, dedicándote a cualquier cosa que te dé la mínima seguridad que perdiste buscando árboles bajitos. En cambio imagina que tu sueño es una de esas torres de radio que se ven a muchos kilómetros y de paso tienen luces en la cima titilando para que de día o de noche las veas. Pases por el terreno que pases, ríos, peñascos, caídas, siempre verás esa torre; así son tus sueños: entre más grandes, más imposibles y más locos para la mayoría, pero que mientras más enciendan ese volcán en tu corazón, más fáciles son de lograr, así que deja de soñar con la cabeza y con lo que te alcanza lo largo del brazo y empieza a soñar con tu corazón. ¡Sé irrealista al soñar!

Una vez tenemos el sueño más loco, más grande, el faro de luz más alto que se ve, aun cuando todo se nubla, debemos empezar un autoanálisis para ver cómo logramos este sueño imposible e indescriptible. Si antes del ejercicio creías que muchos de tus sueños eran imposibles, luego de este ejercicio tendrás una sensación diferente, pues racionalmente este nuevo sueño deberá ser más imposible y difícil que el anterior para otros, pero deberás sentir más energía para lograrlo, y con este tienes algo nuevo, una chispa, una sensación en tu corazón extraña y casi imperceptible de que lo vas a lograr, así tu cabeza crea que es más improbable.

Ahora bien, una vez tienes tus sueños claros, ¡ya volaste! Lo soñaste y te la *sollaste* (así decimos en Colombia cuando le metes toda tu energía a algo que disfrutas), básicamente ya usaste tu cerebro límbico, tu cerebro emocional, ahora es tiempo de hilar los sueños con la realidad, apagar las emociones y prender el cerebro racional, el frío, el lógico. Piensa en tus sueños como una cometa; los sueños son la cometa y deben ser grandes, fuertes y llenos de colores e imaginación para que la cometa vuele alto y se vea, por más arriba que vuele; tú en el presente eres el *cometero* —quien juega o conduce la cometa—; lo que la mayoría de la gente no logra jamás es tener al mismo tiempo un hilo fuerte, una cometa alzada, templada y volando; la mayoría tiene una cometa pequeña sin hilo que tratan de volar con solo su brazo extendido, es decir, sueños pequeños y a corto plazo; esos son incapaces de elevarse para volar, solo se levantan un poco de tiempo en el aire y poco se sostienen. Recuerda que las cometas mejor vuelan a lo alto, y las más grandes.

¿Has hecho alguna vez un laberinto? Difícil ¿cierto? ¿Alguna vez lo has hecho al revés? ¿Fácil, cierto? Los laberintos, como la vida, si los ves de cara al futuro siempre se verán difíciles.

¡VAMOS A MIRAR ESTAS AFIRMACIONES AHORA!

PASADO	PRESENTE	FUTURO		SUEÑO IMPOSIBLE 5 PALABRAS Y NÚMEROS QUE LO DESCRIBAN
AÑO PRESENTE 20_ _	AÑO PRESENTE + 2 años 20_ _	AÑO PRESENTE + 4 años 20_ _	AÑO PRESENTE + 8 años 20_ _	AÑO PRESENTE + 10 años 20_ _
___	___	___	___	___
___	___	___	___	___
___	___	___	___	___
___	___	___	___	___
ÚLTIMO PASO	CUARTO PASO	TERCER PASO	SEGUNDO PASO	PRIMER PASO

Los sueños muchas veces son efímeros y no los podemos describir racionalmente en un párrafo coherente, así que usando solo diez palabras y/o números, cuando leas tu descripción del sueño lo vas a recordar a la perfección.

Empecemos otro ejercicio inspirado en "soñar de forma irrealista": vas a escribir un sueño, algo loco, algo grande, una meta que te sorprenda, que te vuele la cabeza si lo consigues, para que te acuerdes de que te lo enseñé en este libro.

Afirmación 1
Cuando estabas viviendo en el pasado no podías ver lo que es tu presente porque *nadie* puede ver el futuro. O sea, *nadie* puede mirar hacia adelante. Como lo indica la flecha.

Afirmación 2
Estando en tu presente sí puedes ver tu pasado, entonces sí se puede mirar atrás. Se puede mirar al pasado. Como lo indica la flecha. Y puedes entender los puntos que marcaron tu vida.

Afirmación 3
Estando en tu presente no puedes ver tu futuro, lo que implica que no se puede mirar adelante, no se puede mirar el futuro. Como lo indica la flecha.

Conclusión 1
No se puede ver el futuro en ningún caso, no se puede mirar hacia adelante.

Conclusión 2
Sí se puede mirar hacia atrás. Sí se puede ver el pasado.

Seguramente has visto en la web el discurso de Steve Jobs en Stanford. Si no lo has visto puedes encontrarlo en cualquier buscador de videos —fijo en youtube.com—. El discurso se basaba en tres experiencias de su vida, las tres profundamente enriquecedoras, pero una de ellas se quedó dando vueltas en mi cabeza; en cierta medida, me pareció una ecuación incompleta, o por lo menos sin resolver, desde el punto de vista matemático. Me explico:

Una regla de 3

Si mirar de
Pasado a presente (flecha adelante) = no es posible
Presente a futuro (flecha adelante) = no es posible
Presente a pasado (flecha atrás) = sí es posible
Por regla de 3
¡Mirar del futuro al presente sí es posible!

Si lo piensas bien, no es tan loco como suena: cuando estés en tu futuro podrás recordar adónde estás hoy; ahora bien, una de las claves importantes de todo el libro yace en la siguiente frase: *el reto es lograr mirar desde el futuro a tu presente y trazar un mapa al revés, pero hacerlo desde el presente, para que lo puedas recorrer sin perderte de cara al futuro.*

Quiero decirte que en este instante debes ir a tu futuro soñado a mirar el presente. ¿Cómo hacerlo?

1. Ve a la hoja del diagrama y anota el año que será en dos años y te vas de dos en dos, o sea 2018, siguiente columna 2020, siguiente 2022, y así llegarás a la última y quinta columna, que es en diez años.
2. Luego escribe en la columna derecha, tu máximo sueño, del que venimos hablando todo el libro, usando solo diez palabras como mecanismo que te lo recuerde siempre, usando todas tus emociones.
   Anótalo en el lado derecho de de la hoja.

3. Anótale números a cada palabra, es decir, la mayoría de las cosas tienen números, ¡quiero darle una casa a mi mama! Anota cuánto vale; ¡quiero un carro! Anota al frente el que quieres y su precio, casa, hijos, viajes etc., anota al frente su número; acá todavía estás soñando con tu cerebro emocional, piensas en mucho dinero, muchos hijos o una isla que al fin y al cabo vale un número, anótalo.

4. Ahora deja de soñar y prende tu cerebro racional, vamos a llenar las demás columnas, la primera de la derecha, o sea en diez años, la llena el emocional, el resto las va a llenar el racional, y lo va a hacer al revés, como el laberinto.

5. En la segunda columna, de derecha a izquierda, o sea en la de ocho años, vas a empezar a mermar el alcance de tu sueño, es decir, si querías 100, ahora vas a poner 80, si querías un Ferrari ahora pondrás un Maserati, si querías una isla, vas a poner una casa en la playa.

6. Y así vas a seguir de derecha a izquierda reduciendo tu sueño; verás que cuando llegues a dos años tus metas son completamente logrables, quizá estés comprando tu primer carro, estés ahorrando para comprar tu casa antes, tendrás tu primer hijo, o estés en el trabajo correcto de acuerdo a lo que quieres en diez años, y si quieres ir más allá después de que llegues a dos años, empieza a escribir: año y medio, un año y seis meses, probablemente, lo que tengas que hacer en menos de seis meses, ya sea renunciar a tu trabajo, emprender, comprar una bicicleta eléctrica o irte de la casa a rentar un departamento e independizarte, y te darás cuenta de cómo se ve de claro el camino al futuro; puede que llegues antes, puede que llegues en veinte años, pero ya no importará, pues ya estás disfrutando el andar tendrás el camino claro hacia tus sueños.

Los soñadores no son quienes hacen sus sueños realidad, son los *doers* —hacedores (trabajadores)—, los realizadores, quienes sí lo logran, las personas que saben que un sueño es un instante. En cambio, para hacer que los sueños se materialicen hay que trabajar millones de instantes; por eso, ese instante del sueño debe ser tan poderoso que dure los años de trabajo mientras logras materializar tus sueños, que se vuelvan una realidad en tu vida.

Tenerla clara me sirvió para lograr todos mis sueños y todo lo que me propongo.

Ya ahora entiendes por qué planear tu vida del futuro al pasado como el laberinto al revés, luego del plan viene la ejecución, ahora tu vida será como el laberinto de la vida de todos los seres humanos, solo que tú lo puedes caminar hacia adelante con la hoja de ruta sabiendo que no te vas a perder, y si te pierdes siempre puedes volver al principio y volver a empezar con tu hoja de ruta. Este ejercicio lo he usado para asesorar grandes empresas y personas sabias que admiro mucho, y siempre que lo hago, mencionan lo básico pero revelador que resulta. De seguro, si lo haces bien, a ti también te servirá, de hecho, en Elcielo tenemos esto para los empleados más antiguos y con ADN, a los que consideramos familia; nos sentamos con ellos y hacemos lo que llamamos plan de desarrollo humano, con cuatro pilares: desarrollo 1) cultural e intelectual, 2) espiritual, 3) laboral y 4) económico, a diez años, dónde te quieres ver, cómo te quieres sentir, qué quieres aprender, adónde quieres viajar, qué cargo quieres en la empresa y qué quieres comprar (casa, carro, etc.). Ellos anotan esto a diez años, se devuelven, y una vez trazado el mapa, se los ayudamos a realizar; varios ya tienen casa propia, se graduaron de profesionales mientras trabajaban en Elcielo, han viajado y cada día diseñan sus propios cargos y responsabilidades ellos mismos, cada día trabajan y viven más felices. De verdad, servirá para aclarar qué hacer con tu vida.

20. NO SEAS REALISTA…
AL SOÑAR

No seas realista al soñar. Así como lo lees: si quieres hacer tus sueños realidad, primero, *no puedes ser realista al soñar,* y segundo, *debes ser realista al planear.* Quizá estas dos afirmaciones seguidas suenen contradictorias, pero lo que quiero decir es que uno debe saber balancear hasta dónde dar impulso a su fe y hasta dónde apelar solo a la practicidad, sobre todo debemos conocer bien cuáles son las reglas, para saber cómo romperlas; curiosamente, ahora en Medellín los jóvenes usan la expresión *la rompió* para describir cuándo alguien realizó algo exitoso.

Medita en esto: la mayor compañía de transporte del mundo no tiene ni un vehículo, y es Uber; la mayor compañía de moda del mundo no tiene un diseñador reconocido, y es Zara; el inventor de la empresa más grandiosa de tecnología estudió, entre otras cosas, caligrafía, nunca se graduó de la universidad, pero creó Apple; el mejor pintor era arquitecto, el mejor psicólogo era biólogo, el mejor banquero es un abogado, el mejor inversor es un ingeniero, la empresa de hospedaje más grande no tiene hoteles, es Airbnb; la ganadera más grande de Colombia es una cementera, Argos, y la inmobiliaria más grande es un supermercado, el Éxito. Al apreciar esta lista de ejemplos quizá no suenen muy lógicos, pero son empresas reales y reconocidas.

No te mientas, no seas ingenuo, mira a tu lado y dime: ¿cuántos compañeros van a la universidad pensando en algún día estar en la presidencia de un banco? ¿Y cuántos de los que estudian cocina no se conformarán con ser solo un cocinero o un chef, sino que además quieren ser dueños del mejor restaurante en una gran ciudad?

La realidad te dice: no puedes ser ingenuo, y además, que tienes que ser realista y que no eres el único. Paradójicamente, en ese momento en que te decides por ser realista te das cuenta de que es también el momento perfecto para no ser realista y cambiar las reglas del juego.

Imagina que estudias cocina en Bogotá o en cualquier ciudad de Latinoamérica: probablemente te gradúes con más de cincuenta colegas. Imagina que todos salen a buscar trabajo como cocineros y que tú decides estudiar música cuatro semestres para crear menús con ritmo, o estudiar pintura y artes plásticas para diseñar menús cuyos colores sean visualmente más llamativos, o estudiar idiomas y aprender francés e inglés y terminas trabajando un par de años en París. Probablemente, mientras tú sigues estudiando verás cómo algunos compañeros ganan dinero.

Tal vez no tengas ni para una cerveza o te toque, como a ellos, trabajar. Y es que mientras alguien suele dormir ocho horas, quizá tú decidas que durante unos años solo dormirás cinco horas a fin de poder usar esas tres para estudiar algo distinto. Algo que me gusta, porque hace más interesantes las disciplinas, es lo que llaman *diálogo multidisciplinario*.

Te invito a que sigamos imaginando y vayamos más allá. Supón que eres cocinero y estudias finanzas; probablemente en unos veinte años serás el chef ejecutivo de un crucero con un salario anual de un cuarto de millón de dólares. Entonces, para "aterrizarte", te cuento que conozco a varios presidentes de compañías que en su mayoría comandan empresas catalogadas en el listado de las diez más importantes de Colombia, y uno de ellos toca el saxofón, uno es vegano, otro pesca dos meses al año acampando al lado de ríos y mares en condiciones extremas, otro corre cuatro maratones al año y madruga a trotar 25 kilómetros todos los días antes de estar a las 7:30 a. m. en su oficina.

¿Crees que las circunstancias citadas anteriormente parecen realistas? Y ellos no solo no son realistas y menos conformistas. ¿Describen a un grupo de ingenuos? ¿Son estas personas emprendedoras? No, todos los que te mencioné son empleados. ¿Por qué lo hice? Porque, si bien este libro lo escribí con el propósito de enseñar al lector cómo ser un emprendedor exitoso, recuerda que los emprendedores son los que crean cambios, y ellos son los mejores, ser un empleado exitoso es también una forma de emprender.

Tener tu propia empresa es *cool*, eso lo sé, pero ser un *pinche* empleado como Tim Cook, que es el actual presidente de Apple, que se gana 250 millones de dólares al año —algo así como 750 mil millones de pesos al año—, también es muy *cool*. A este *simple empleado*, así la empresa quiebre, mientras no lo despidan, le seguirán pagando lo mismo. Eso no es solo *cool* sino *hypermegacool*.

Así que si eres como yo —un cucarrón cabeciduro al que no le importa darse contra las paredes, dormir poco, sufrir su negocio, quebrarse varias veces, pasar noches en vela—, probablemente tengas sangre de empresario, y eso está bien. Si te gusta lo seguro, estar cómodo y crecer dentro de una empresa, también está bien; lo importante, ya sea en tu propia empresa o como empleado, es ser líder y no ser "realista al soñar". En ambos casos necesitarás talentos únicos, idiomas, y saber cosas que nadie más sepa, o que muy pocos que hayan estudiado tu carrera lo sepan.

¿O acaso es realista que un cocinero a los 23 años abra su primer restaurante y once años después tenga nueve restaurantes en dos países? Ese es mi caso, y yo incluso sueño con conquistar el mundo con Elcielo, en un proyecto que bauticé *Un huevo frito de Fredonia a Hawái*: Fredonia, un pueblo de Antioquia donde está ubicada la finca cafetera de mis abuelos, donde comencé a soñar, y Hawái, lugar donde pienso abrir el último Elcielo. Soñar eso solo me tomó un segundo, y hacerlo realidad, millones de segundos, y me recuerda que el camino más fácil y corto al éxito es trabajar de forma dura y constante, pero apelando a la creatividad y no siendo del todo realistas.

21. SÉ REALISTA... AL PLANEAR

En el *tip* anterior te recomendé que no fueras *realista al soñar*, ahora bien, una vez tienes ese sueño claro, el planear requiere todo lo contrario, necesitas frialdad, sentido común y poner los pies en la tierra, y así lograr tejer los sueños con la realidad.

Al planear solemos estudiar la vida de otros que hayan triunfado para inspirarnos en un plan inicial que nos permita empezar a ejecutar lo soñado, o estudiar casos de éxito de empresas, pero esto ya lo sabes, quizá lo que no sabes es lo útil de estudiar o intentar averiguar los casos de fracaso o quiebra de empresas o personas en el área donde sueñas con emprender; a esto es lo que Rolf Dobelli llama "el sesgo de la supervivencia", en su libro *El arte de pensar*. Imagina que emprenderás en un restaurante. ¿Qué haces? Vas a Elcielo y otros restaurantes que te gusten, miras la propuesta, sus clientes, horarios, y tratas de documentarte; al igual, si vas a montar una empresa de computadores, investigas a Apple, Dell, etcétera, pero ¿cuál es la trampa de esto? Que las empresas vivas y exitosas pueden no ser más de 1% de las empresas que intentaron hacerlo. ¿Qué quiero decir con esto? Que al analizar las empresas exitosas no solo estás analizando el 1% del mercado sino que estás analizando el 1% al que le fue bien; quiere esto decir que estás a ciegas, los promedios acabarán contigo antes de empezar; estarías menos a ciegas si lograras conocer los *casos fracaso* del otro 99%, pero ahí está el problema, como no existen, no hay datos para analizar. A fin de cuentas es vital planear, pero no seas ingenuo en creer que ese 1% te dará datos reales.

Antes de que organices tus propias ideas voy a tocarte otro tema bien importante: debes darte la oportunidad de tener diferentes puntos de vista y opiniones sobre una sola cosa, y para lograrlo debes hacer ejercicios; toma algo que te guste y búscale un punto de vista más crítico, o busca algo que no te gusta y busca sus puntos positivos. ¿Has visto un cubo de Rubik (cuadro de colores)? Imagínalo flotando en el aire, toda tu vida has estado sentando viendo un color: tú dices blanco, quien está sentado al otro lado dice rojo, y así has establecido discusiones a lo largo de tu vida por solo tener un solo punto de vista; ahora tienes que pararte, caminar a su alrededor y mirar cuántos colores tiene; igual con todo, cada que veas algo que merezca una opinión tuya, trata de buscar otra que sea opuesta; así sientas que te contradices, aunque suene imposible, cuando por fin lo logras, quizá sea lo más enredado, difícil y, a veces, frustrante que hay, pero vale su peso en oro porque en ese momento llegas a un estado que pocos alcanzan en sus vidas, a un estado de mayor entendimiento y muchas veces el de tener la certeza de no entender nada, pero entras en un estado de contemplación. Es el proceso de volverse más consciente de lo que pasa en tu vida, porque este mundo va tan rápido que nos volvemos robots que no sienten, que van en piloto automático. Por eso creamos los menús de Elcielo como una experiencia que busca estimular los cinco sentidos y desafiar la lógica.

Esto que afirmo no es ni locura, ni bipolaridad, es el resultado de años de entrenar el cerebro para que cree mapas neuronales que me permiten cuestionarme todo y cuestionarlo todo. Y vuelvo con una de mis frases preferidas de Henry David Thoreau: "No entiendo cómo los seres humanos tienen una sola opinión sobre algo y se conforman con ella". En mi opinión, está más loco quien traga entero, quien no cuestiona y no se cuestiona, quien no sigue sus sueños y quien no invierte toda la energía que tiene en vivirlos.

22. CREA

Acá van algunos consejos para crear:

- Piensa feliz, piensa y crea cuando estés feliz y piensa cosas felices que te hagan feliz a ti y a otros… piensa feliz.
  Al estar felices con endorfinas y a veces hasta eufóricos y con adrenalina pensamos más, mejor y mejores cosas. ¿Has visto un niño alguna vez tan feliz que imagina tantas cosas que empieza a respirar rápido y dice esto y esto y esto? Puedes notar cómo sus ideas van tan rápido que ni siquiera es capaz de expresarlas todas; bueno, imagina que te permitieras ser un niño feliz y pudieras crear cosas maravillosas.
- Mantén un marcador en tu ducha: hacer el amor y ducharse estimulan el cerebro en niveles altos de efectividad neuronal; ambas estimulaciones suceden en el cerebro, así esté pensando en otras partes del cuerpo, y como seguramente si estás en el primero estás concentrado en eso y no vas a parar para tomar un *sharpie* y anotar una idea, lo mejor es tenerlo en la ducha. Anotas todas las ideas en el vidrio y luego las pasas a tus notas; seguramente estarás pensando

en poner más atención cuando te bañas en la mañana o en la noche y creerás que te vas a acordar de la idea apenas salgas y te seques con la toalla, pues no, inmediatamente sales te olvidas de la mitad de las ideas, porque, la verdad, no sé, pero de seguro te olvidarás de muchas. Eso sí, si vas a tener un *sharpie* en la ducha procura anotar la idea en un par de palabras, solo para acordarte; no escribas la idea completa, serías bastante irresponsable con el medioambiente, bastan dos palabras que activen los disparadores en el cerebro que te acuerden de toda la idea.

- La importancia de no hacer nada: sí, es verdad, las personas creativas necesitamos no hacer nada en algunos momentos, relajarse, prender el televisor, salir a caminar, nadar o simplemente estar en familia descansando la mente. Eso sí, todo tiene su momento, y no te vuelvas perezoso, pues cuando le das esos descansos a la mente ella quiere más y más y terminas desconectándote y convirtiéndote en un perezoso, así que antes de darle esos descansos a la mente decide previamente cuánto tiempo no vas a hacer nada, y apenas se termine vuelve a trabajar así te sientas cansado; es un simple engaño de la mente para ahorrar energía.

- Franc Ponti, un creativo y escritor español, tiene un libro maravilloso: *Si funciona, cámbialo*. Nosotros en Elcielo jamás repetimos receta, duran 3 a 5 meses y luego no vuelven jamás, porque si eres un creativo, si funciona, cámbialo, y de paso, cuando termines este libro ve y lee ese.

- Cuando crees debes procurar crear *cosas Irresistibles, Inolvidables y Culturalmente Relevantes*.

- Muévete, sí, muévete, cuando vayas al trabajo o la universidad vete por rutas distintas, así te demores más, coge medios de transporte diferentes, ve a barrios que no frecuentes, viaja en la medida de tus posibilidades, si no puedes, ve a pueblos cercanos los fines de semana, eso te dará miles de ideas.

- Cuando crees algo, ponle propósito y un porqué antes de explicar qué vas a hacer o cómo lo vas a hacer; volvemos a lo mismo: primero sueña cosas inexplicables y luego las explicas, como afirma Simon Sinek en su teoría "Start with Why". Vale la pena que la busques en YouTube, investigues y leas; en mi opinión, quien no sigue estos pasos en un proceso creativo está condenado al fracaso, eso sí, seguirla no es garantía de éxito, pero seguro mejorará tus posibilidades. Simon habla de *why*, *what* y *how*, en ese orden; yo sugiero que antes del *why*, sueñes, como te lo expliqué antes.

23. ÁMALO TANTO QUE LO VALGA TODO

La verdad, no tengo hoja de vida; una vez hice hace más de quince años una en la universidad, que solo usé para mandar a Arzak durante cuatro años cada mes y no sirvió para nada, porque al final logré entrar por recomendación de la madre de un amigo. Alguna vez escuché a Anthony Bourdain decir: trabaja tanto y destácate al punto que puedas tirar tu hoja de vida a la basura, que tú seas tu propia carta de presentación. Pero si tuviera una hoja de vida, creo que sería algo parecido a esta:

Currículum Vitae / Hoja de Vida
Nombre: Juan Manuel Barrientos
Profesión: Ser Padre, Elcielo, Cocinar y Viajar
Hobbies: Ser Padre, Elcielo, Cocinar y Viajar
Empleo: Ser Padre, Elcielo, Cocinar y Viajar
Qué hace en su tiempo libre: Ser Padre, Elcielo, Cocinar y Viajar
Dónde se ve en diez años: Siendo Padre, en Elcielo, Cocinando y Viajando
Qué hace en vacaciones: En Elcielo, Cocinar y Viajar con mi familia

Cuál sería su trabajo ideal: Ser Padre, Elcielo, Cocinar y Viajar

Qué hace cuando comparte con su familia: Elcielo, Cocinar y Viajar

Qué hace en Navidad: Pensar en Elcielo, Cocinar y Viajar con mi familia

Si se ganara la lotería qué haría con el dinero: Más Cielos, Cocinar y Viajar más con mi familia

Con qué sueña: Con Elcielo, Cocinar y Viajar con mi familia

Qué lo mantiene despierto en la noche: Azul, mi hija; pensar en Elcielo, pensar en qué Cocinar y pensar adónde Viajar

Qué haría el último día de su vida: Estar con mi familia en Elcielo, Cocinar o estar viajando en una playa con mi familia

Además de su familia qué es lo que más ama: Elcielo, Cocinar y Viajar

Qué lo hace feliz: Mi Familia, Elcielo, Cocinar y Viajar

Esto es lo que llamo: *ámalo tanto que lo valga todo*, y este es el ingrediente imprescindible en *La receta del éxito*: sé feliz con lo que haces, no con lo que ganas. Es una máxima que funde prosperidad con espiritualidad porque al sentirte bien con tu trabajo es como si estuvieras todo el tiempo divirtiéndote, y eso no tiene precio. Desde que me dediqué a Elcielo, siento que no he trabajado un solo día de mi vida.

24. EL PODER
DE LA EXPERIENCIA

Este título da para dos interpretaciones, hablemos de ambas; la primera es la experiencia que tienes en la vida y la segunda el valor de crear experiencias, en vez de productos o servicios.

Hablar de la experiencia es hablar de tiempo y dedicación; no profundizaré mucho en esta, ya hay bastante información que pondera el poder de la experiencia y la maestría, y creo que es muy importante adquirirla. Lo que sí quiero aportarte es que si quieres buena experiencia, debes dejar de pensar en el dinero y regalarte, regalar tu mano de obra poco calificada a lugares extraordinarios que te paguen con esa experiencia; recuerdo cuando empecé a estudiar cocina: quería trabajar con Iwao Komiyama; me fui a buscarlo a Buenos Aires, me matriculé en más de cinco cursos suyos en diferentes universidades, y siempre le decía que quería ser su asistente; cuando logré pasar un examen que me hizo su asistente, me fui a reunir con él. Su esposa me dijo que diez horas con él valían 2.000 dólares, en el 2003; yo decidí gastarme el dinero del semestre de la universidad en esas diez horas. Tenía mi sueño claro: recuerdo que las primeras tres horas, yo pagándole, me puso a lavar la cocina; en la segunda de las tres horas llega con un delantal de plástico y una manguera y me dice: "pasaste la primera prueba, es la humildad". Luego él terminó de lavar la cocina conmigo a su manera, y me enseña la segunda lección: "la higiene en la cocina"; después me dice: "la tercera lección es aprender a mercar"; me llevó al mercado asiático de Buenos Aires, me hizo comprar un bulto de arroz de primero y cargarlo durante toda la mercada, y al final llegamos a una tienda de pescados. Me dijo: "deja todo en la entrada, que no le pasa nada, y ven conmigo". Se dirigió hacia atrás, saludó a los que partían el pescado y me dijo: "Me dijiste que querías aprender a cocinar anguila"; le respondí que sí. Me entrega una bolsa y me dice: "Remángate la camisa y sácalas con la mano de ese estanque que están vivas". Me demoré veinte minutos sacando la primera; cuando la saqué, ya olía a vuelta canela de monja. Me dice: "Con una yo te enseño, con la segunda tú aprendes". La segunda me tomó un poco menos, como unos diez minutos; todo el tiempo hubo un cedazo al lado, con el que los chicos las sacan; solo creo que él estaba tratando de sentar el punto que las cosas se hacen como el jefe las dice, donde manda capitán no manda marinero. Luego volvimos al taller; ya habían pasado cinco horas, a 200 dólares la hora, hace quince años. Llegamos a su taller y me dice: "Cuando termines ese bulto de arroz tienes que haber aprendido a hacer arroz perfecto". Las otras cinco horas se fueron haciendo arroz; no llegamos a preparar sushi. Al final de las diez horas me dice: "Bueno, terminamos las diez horas", y se queda en silencio esperando mi respuesta. Yo le digo: "Gracias, no aprendí lo que esperaba pero aprendí cosas más valiosas para mi vida como cocinero", y le di la mano con una sonrisa. Él y su esposa se ríen y él me dice: "Te la ganaste, a partir de este momento eres mi asistente". Tuve la oportunidad y el honor de trabajar a su lado por otros dos años; iba y venía, tres meses en Colombia y tres meses en Buenos Aires, y durante todo este tiempo viví en un hotel; era un hotel nuevo y moderno pero no tenía registro hotelero, así que me alquilaron una habitación a precio de apartamento.

Luego, con Arzak, cuando después de cuatro años de enviar mi hoja de vida logré que me recomendaran, tuve otra experiencia maravillosa, y a ambos, a Iwao y Arzak, los considero mis maestros de cocina y les guardo el más grande de mis aprecios; a esto le sumo la experiencia al lado de mi padre, el maestro más grande, así que cuando pienses en experiencia de calidad, no esperes que te paguen con dinero, ya te están pagando con experiencias únicas.

La segunda interpretación es la del poder de crear y vivir experiencias y la capacidad de comercializarlas, o crear productos y servicios tan potentes, con un *insigt* tan fuerte, que se conviertan en experiencias a través del lenguaje que usas.

Usemos dos ejemplos: un Ferrari. Si crees que es un producto estás equivocado, nadie compra un Ferrari por ser un producto, todos lo compran para vivir una experiencia, primero la satisfacción del ego, de yo sí pude o quiero que todos me vean en él, al igual que los Porsche. Por eso son los carros de superlujo más comerciales del mundo; el cerebro reptil, que es la zona más potente de nuestro cerebro, reconoce hoy los carros como los corceles que usaban nuestro antepasados para cazar: entre más potente sea tu corcel, más posibilidades tienes de cazar más y ser el macho alfa; hoy los carros son los corceles con los que los cazadores modernos cazan socialmente, o ¿por qué crees que Alejando Magno primero domó a Bucéfalo? Para ganarse el respeto de su padre y el pueblo antes de conquistar prácticamente todo el mundo conocido para esa época. Hoy los carros son armas de supervivencia social y hay gente que les da más importancia que a la supervivencia misma, o cuántas veces sabes de personas que no pagan la renta o tienen la nevera vacía pero tienen un carro de lujo; esto es porque hoy la supervivencia social empieza a reemplazar la natural, y las mujeres tienen esa concepción reptil con los bolsos y carteras, pero esa se las explicaré en otro libro. Así que cuando decidas crear algo, ya sea producto o servicio, piensa es en crear y comunicar la experiencia que vivirá tu cliente, pues eso es lo que va a comprar, hasta una pastilla se vende por la experiencia de aliviarse ¿o no?

25. EL PODER
DE LA IGNORANCIA

Hace un tiempo recibí una invitación de la Casa Blanca y el expresidente de Estados Unidos Barack Obama a dar una conferencia en el Summit Global de Emprendimiento, en la Universidad Stanford, en California; además de dar mi charla, pude escuchar al expresidente y a otros creativos y emprendedores del mundo. A estas alturas ya del libro entenderás que el expresidente es un emprendedor, porque genera cambios, no empresas. Una de las conferencias fue de la VP de mercadeo de Instagram, quien había trabajado para Starbucks y Apple. En su conferencia, una de las más interesantes que he escuchado en la vida, nos contó sobre cómo sus dos hijos, de 6 y 8 años, habían desayunado el domingo anterior a la conferencia; en resumidas cuentas, el menor había escuchado que los alimentos con sirope de maíz eran más propensos a generar cáncer, así que mientras ella les hacía unos *pancakes* como era normal los domingos, el niño en su iPad buscó los productos que tenían dicho sirope, convenció a su hermano mayor de que no debían consumirlos, y para el fin del desayuno, habían sacado y botado un tercio de la despensa de su casa poniendo una nueva regla, aun para sus padres, que en la casa no se comía sirope de maíz. No dejaron donar dichos alimentos porque no querían que un niño de escasos recursos se enfermara.

Ser nuevo en un proceso tiene sus ventajas pues no tienes el sesgo de la experiencia de cómo hacer las cosas como las tienes predeterminadas; las personas expertas en temas son muy acertadas en reconocer debilidades y oportunidades en las situaciones, sin embargo, ese foco, para ser precisos e ir al grano, las hace muchas veces perder de vista muchas cosas, en cambio, cuando no tienes experiencia les darás más vueltas a las cosas, pero es ahí donde debes aprovechar ese vistazo más amplio para ver lo que la persona con experiencia no vio; en el caso de los niños, ellos no estaban sesgados como sus padres en que la comida no se bota. Para ellos no era comida, era un producto con potencial de enfermarlos, y también ignoraron que los papás mandaban en la casa, y su determinación los llevó a tomar una decisión bien basada, y de paso, a investigar sobre los productos, ya que, como su madre los había comido siempre, se le habían vuelto paisaje y no había profundizado en su contenido. Así que si en algún caso no tienes experiencia, aprovecha esa ignorancia en ese tema para mirar desde muchos puntos de vista nuevos y actuar sin miedo de que algo está hecho o no de la manera tradicional.

26. ESTRATEGIA...
CÓMO PLANEAR UN NEGOCIO

¿Cómo montar un negocio? Hay personas que sueñan, otras piensan y otras ejecutan. Si quieres montar un negocio, y más aún mantenerlo, y luego que te dé dinero, tienes que realizar las tres cosas: de soñar ya hablamos, es vital, pero a largo plazo; a pesar de los sueños ser la chispa que inician todo, este tiempo de soñar es menos del 1% del resto de las cosas que debes hacer; ya supongo que tienes claro este sueño y adónde quieres llegar. Ahora bien, viene un 10% a 30% de esta construcción, que es la estrategia o planeación de lo que vas a materializar; ya tienes la hoja de ruta que trazaste al revés y ya tienes claro por dónde empezar. Una vez tienes esto desglosado, que es parte de tu plan estratégico a largo plazo, debes empezar a planear a menor escala, es decir, hacer un plan de los próximos seis meses a dos años mucho más específico y solo concentrarte en él; si estás queriendo montar un negocio es bien importante que tengas estos temas en cuenta:

Marca y legal: abrir tu empresa, registrar tu marca y saber lo básico del Código Laboral, de las normas específicas de la industria en la que vas a trabajar y tener los contratos con tus socios muy claros; recuerda que lo primero que uno hace en una sociedad cuando la está creando es discutir y firmar *cómo nos vamos a separar, antes de saber cómo nos vamos a juntar*. Cuando estamos creando una sociedad con alguien, todo es un camino de rosas, esperas lo mejor, partes de la buena fe y crees que te va a ir bien; es este el momento perfecto para dejar claro cómo separarse, en caso de diferentes circunstancias generales que se presentan en las sociedades: un socio se va del país, o uno trabaja más que el otro, están quebrados y uno le echa la culpa al otro, van bien pero no se siente un equilibrio, el abuso de poder de una parte, etcétera. Para esto te recomiendo buscar un abogado de confianza y siempre contratar los abogados por proyecto, y jamás por hora; los dos pueden ser igual de buenos e igual de costosos, pero uno leer o redactar más despacio, ese te saldrá más caro; además se vuelve un barril sin fondo porque para ti será imposible saber y determinar el tiempo real de su trabajo, así que en la primera cita rompe el hielo con un café de Elcielo y luego le dices: me interesa contratarte por proyectos y no por horas. Así desde el principio sabes cuánto te valdrán las cosas, te lo digo por experiencia propia; cuando abrí un restaurante fuera del país, unos abogados me cobraron por horas y me costó más de lo que esperaba. Tener un buen abogado, así sea costoso, es un buen negocio; ellos te ahorrarán dinero y te ayudarán a negociar, pero siempre debes tener claridad con ellos desde el primer día. Otro lugar donde seguro encontrarás ayuda es la Cámara de Comercio de tu ciudad; estas están para fomentar, arbitrar y organizar las empresas, y no dudes en acercarte y preguntar tus dudas, por pequeño que sea tu negocio.

Diseño y conceptualización: hay muchas ramas del diseño, todas fascinantes y con posibilidades infinitas de creatividad, pero es importante hilar el lenguaje a la hora de desarrollar un concepto, solo así lograrás que tu marca sea coherente en todo.

Recursos humanos: adelante leerás unas buenas preguntas para contratar gente, pero recursos humanos se ha convertido en uno de los ejes de los negocios; todos somos muy distintos y encontrar alguien afín a ti o tu negocio toma tiempo y dinero. Un empleado, así reciba salario, no suele ser rentable para una empresa hasta después de tres meses; jamás recibo en mi empresa los "jumpers" o "saltarines", estos chicos que han pasado por cinco trabajos en dos años. Pueden haber trabajado en los mejores restaurantes del mundo, pero cuando veo personas carentes de constancia y dedicación en otros lugares, asumo que no las tendrán en el mío; en cambio cuando llega algún cocinero que lleva cinco años trabajando en el carro de perros de la esquina, tiene más chance de entrar, esto porque yo valoro más el ser que el saber.

Contabilidad y finanzas: tener alguien de confianza para manejar tus finanzas, en el caso de que tu no sepas, es como el aire para respirar; puedes hacer todo bien, pero si eres desordenado, no eres eficiente y ni siquiera sabes dónde estás con sobrecostos, por no tener una buena contabilidad te hundirás. En mi caso, mis padres son como los dos rieles de un ferrocarril, cada uno bueno para temas como tesorería y pagos, y el otro, para contabilidad, flujos y planeación.

Comunicaciones y mercadeo: haces, comunicas, haces, haces, no comunicas, no haces. Si la gente no sabe lo que haces, ¿cómo ira a tu negocio? Comunicar es importante; el reto más grande es crear experiencias únicas que sean atractivas para los periodistas comunicar; antes se solía decir que el poder era la información, ya no, pues ya todo está en internet: el poder ahora es seleccionar la información relevante entre toda la información vacía que hay, y es por esto que tener algo único, relevante y maravilloso brillará ante los ojos de las personas, que te ayudarán a comunicar, y a estas se les hará más fácil. Otra razón más para que te animes a crear cosas raras, relevantes, únicas y que sean experiencias memorables y maravillosas.

Podemos hablar de más aspectos importantes, pero empieza por estos: hazlo bien, asesórate, aprende y escucha de expertos en esos temas. Parte también de la estrategia es dividir y asignar tareas y tiempos a tu equipo de trabajo; que te vean trabajar más que ellos los inspirará, definir prioridades es clave; en los negocios siempre hay cosas urgentes y otras importantes. Es vital atender las urgentes, pero jamás dejar terminar el día sin atender las importantes.

Estudia el mercado, investiga tendencias, crea *mood boards* para que tu equipo te entienda; cuéntales tus planes a mediano y largo plazo, o sea, tus sueños ya aterrizados, y así ellos compartirán tu sueño, lo convertirás en el sueño de todos y sentirán que pertenecen a algo más grande que todos, donde todos caben. Hoy Elcielo no es mi sueño, es el sueño de muchas personas y familias que trabajamos y vivimos para él.

27. TÁCTICA... CÓMO EJECUTAR UN NEGOCIO

Ahora viene el 70% o más de todo el plan, y es la ejecución. ¿Tú crees que ser ejecutivo es ponerse corbata o ser una persona que ejecuta? Yo ando de jeans rotos y tenis casi todos los días y soy un ejecutivo, simplemente porque soy un "doer" o un "hacedor", una persona que hace, que ejecuta, así que no te impresiones por la corbata, impresiónate por la capacidad de ejecución de las personas. Es más, las personas que usan corbata hacen los negocios con ella y sus mancornas puestas, esa es la estrategia, pero a la hora de ejecutar, se sientan frente al computador, se quitan la corbata, su saco, se quitan las mancornas y se remangan la camisa, y ahí sabes que sí son verdaderos ejecutivos. Otra de las grandes lecciones de mi padre es: "Verificación, clave del éxito"; siempre que hagas algo verifica una vez más si quedó bien hecho, conviértete en tu propio auditor. Tengo un amigo que es un aventurero, creo que es más extremo que los personajes de supervivencia de Discovery que van en parejas o equipos; él se mete al Amazonas, el Chocó o la Orinoquía solo, por días y semanas, a pescar y sobrevivir. No vive de eso, él es abogado y nueve meses del año ejerce; los otros tres se mete a la selva, y esta es su regla de oro: "Todo lo verifico dos veces", los nudos y amarres, el agua la hierve dos veces, la sopa la deja hervir el doble de tiempo, revisa el perímetro dos veces. Tú y tu negocio están en una jungla, con clientes críticos y llenos de expectativas, con competencia voraz y muchas veces gobiernos no muy amables con los emprendedores y empresarios.

Lo que leerás ahora es del vigésimo sexto presidente de Estados Unidos, Theodore Roosevelt, que dio en París, en 1910, un discurso llamado *"Citizenship in a Republic"* y en este hay un párrafo llamado *"The man in the arena"* o "El hombre en la arena".

"THE MAN IN THE ARENA

It is not the critic who counts; not the man who points out how the strong man stumbles, or where the doer of deeds could have done them better. The credit belongs to the man who is actually in the arena, whose face is marred by dust and sweat and blood; who strives valiantly; who errs, who comes short again and again, because there is no effort without error and shortcoming; but who does actually strive to do the deeds; who knows great enthusiasms, the great devotions; who spends himself in a worthy cause; who at the best knows in the end the triumph of high achievement, and who at the worst, if he fails, at least fails while daring greatly, so that his place shall never be with those cold and timid souls who neither know victory nor defeat"[1].

---

1 "El hombre en la arena: No es el crítico quien cuenta; ni el hombre que señala cómo tropieza el hombre fuerte, o dónde el hacedor de obras podría haberlo hecho mejor. El crédito pertenece al hombre que está realmente en la arena, cuyo rostro está cubierto por el polvo, el sudor y la sangre; quien se esfuerza valientemente; quien se equivoca, que se queda corto una y otra vez, porque no hay esfuerzo sin error; pero quien realmente se esfuerza por hacer las obras; quien conoce grandes entusiasmos, las grandes devociones; quien se gasta en una causa digna; quien en el mejor de los casos sabe el triunfo de los grandes logros, y quien en el peor, si fracasa, al menos falla mientras se atreve mucho, de modo que su lugar nunca estará con esas almas frías y tímidas que no conocen la victoria ni la derrota".

28. LA EDAD PARA MONTAR TU PROPIO NEGOCIO

Acá hay dos situaciones que, aunque son contradictorias, ambas son ciertas; una es que si tú tienes menos de 25 años y los dos estamos acá en este libro, yo entre las letras y tú leyéndolo, lo primero que te diré es que tú puedes, puedes hacerlo ahora mismo, si te lo propones y lo amas lo suficiente como para darlo todo lo podrás lograr; la otra situación es que, así como tú hay quizá algunas otras miles de personas leyendo estas mismas palabras, y así como creo que cada uno puede, todos en general creamos estadísticas, y cuando uno ve las estadísticas se encuentra con la realidad cruda, pues los números no mienten: aproximadamente el 90% de los nuevos negocios fracasan antes de los dos primeros años, el 98% antes de los primeros cinco años, y acá viene lo más complicado, el 98% de los negocios de los menores de 30 fracasa en los dos primeros años. Acá te voy a poner un ejemplo.

A modo de escuela de matemáticas, una de mis materias favoritas, imaginemos la siguiente ecuación con resultados nefastos, con el fin de evitar decepciones entre los que quieren montar su propio negocio solo por seguir la corriente, *que ser su propio jefe es cool*:

Supongamos que es una carrera y empiezan cien emprendedores que buscan que sus padres o familiares los apoyen, es decir 100 inversionistas; cada uno le dice al papá que lo apoye en su proyecto, y el papá de cada uno lo apoya. Ya los cien se volvieron doscientos, y como la mitad de las mamás se meten en los negocios de emprendimiento de los hijos a ayudarlos, de 100 mamás, la mitad son 50, o sea que ya tenemos 250 personas involucradas en los proyectos; si sumamos otra persona que apoye a cada uno, ya son 350 las personas involucradas en cien nuevos negocios.

En estos negocios, en los primeros dos años va a pasar lo siguiente:

Como el 90% de los nuevos negocios cierran en los dos primeros años, dentro de dos años tendremos 315 personas fuera de la carrera, y quizá sintiendo frustrados sus sueños.

De los 35 corredores que quedan, en 10 negocios, otro 8% de los equipos dejará la carrera en los siguientes tres años, y solo dos equipos con 7 personas habrá pasado el umbral de los cinco años y dirán, como es mi caso, que vale la pena intentarlo, ¡y la verdad es que vale la pena hacerlo! Lo importante es que no seas ingenuo y sepas que si tienes menos de 30 años no vas río arriba, vas cascada arriba, todo va en contra tuya.

Mientras la gran mayoría que fracasó te dirá que estás loco o que no vale la pena ni siquiera intentarlo, y los que lo lograron te dirán que sí. Y ambos tienen la razón. La única trampa es que los pocos que triunfan la mayoría de las veces tienen mejor oportunidad de ser escuchados, porque a las personas les gusta leer los casos de éxito. Muy pocas veces se escriben casos de derrotas empresariales, pero jamás nos podemos olvidar de estos, porque como te expliqué en el *tip* 20, "Ser realista...", no puedes caer en el sesgo de la supervivencia; yo, en mi caso, he procurado no solo aprender de mis derrotas, sino también de las que he tenido cerca, pues como dice mi padre, es inteligente quien aprende de sus errores, pero es brillante quien aprende en cabeza ajena, así que a leer también casos de derrotas empresariales para que aprendas en cabeza ajena.

Otro ejemplo que quise escribir: si vas a saltar a un abismo con 400 personas y solo 8 paracaídas van a abrir, vale la pena que lo pienses dos veces. Pero piénsalo, ¿vale la pena?

En mi opinión, si lo tuviste que pensar, no lo hagas, porque no lo amas tanto; yo no revisé mi paracaídas cuando empecé, solo sentí que lo debía hacer y me tiré dejándolo todo porque amaba mi proyecto, y mis sueños eran tan grandes y ambiciosos que lo aposté todo, ni siquiera sabía que para tirarse había que tener paracaídas; fue luego con los años que vi personas caer, algunas que quería mucho, e intenté ayudarlas. A lo que voy es a esto: tírate si lo sientes, no te tires si lo tienes en tu cabeza, tiene que estar en tu corazón, y jamás te tires a ese abismo de montar un negocio solo por seguir una moda, porque hoy se considera *cool*. Uno debe dedicarse en su vida solo a aquello que haría gratis porque lo ama, y así terminarás ganando más dinero que el que esperabas.

Cuando veo emprendedores del mundo en foros y convenciones, el 90% de ellos son personas de más de 35 años, y el 80% son empleados en otro negocio; cuando emprendes de más de 35 pasan cosas distintas por tu cabeza y tu corazón que cuando estás en los 20; después de 35 ya quizá tengas una hipoteca, hasta podrías estar conviviendo con una pareja o tener hijos, es decir, a los 35 tienes obligaciones; antes de los 30 hay algunos que no han salido de la casa y no tienen estas obligaciones; estas te hacen ser más sereno en las decisiones, te obligan a sentir tu corazón pero a calcular con tu cabeza. Esta edad entre los 35 y

50 es perfecta para emprender: tienes energía, hambre, ganas, ambiciones mejor calculadas y planeadas, y ya tienes algo de experiencia con algo de osadía, y tu sueño quizá lleve inoculándose un tiempo en tu corazón como para un día ser más grande y claro; estos emprendedores, debido a esas obligaciones, no renuncian a sus puestos, porque necesitan el salario y sus empleos les generan valor, así como ellos a sus empleos. Salen del trabajo y se reúnen con sus socios, trabajan los fines de semana en sus nuevos proyectos, planean bien, aprovechan sus recursos y montan nuevos negocios; muchos, aun siendo exitosos, no renuncian hasta años después de su trabajo original, cuando lo hacen de manera tranquila.

Tengo otro buen amigo banquero al cual le tengo una gratitud gigante; él tiene unos 48 años y es padre de dos hijos. Un día nos encontramos en la sala de espera de un aeropuerto y me contó que hacía un par de años su esposa había emprendido un negocio; él la había apoyado y les estaba yendo muy bien, así que él había decidido renunciar para dedicarse a trabajar con ella. A pesar de que yo sabía que tenía toda la experiencia y las herramientas, mientras nos montábamos al avión, a mí me cogió una espinita; yo venía más adelante en la silla del avión que él, así que me fui atrás adonde él estaba y le dije a la señora que estaba a su lado que si quería cambiar mi asiento por el suyo. La señora se fue feliz y él me preguntó por qué había cambiado de silla; yo le dije: "Llevan dos años y van muy bien, vos debés ser un ejecutivo de unos 20 millones de pesos mensuales, un salario extraordinario en Colombia, en un mes renuncias y vas a darle un ejecutivo de tu talento y capacidades a la empresa familiar, pero al mismo tiempo vas a dejar de recibir tu salario". Si en los próximos tres años la empresa no se consolida, va a ser un hogar con dos hijos y sus dos padres profesionales desempleados; en cambio, le recomendé lo siguiente: "Si estás dispuesto a renunciar a tu salario porque crees en la empresa, renuncia a medio, pero no trabajando medio tiempo en el banco, no lo van a aceptar, lo que debes hacer es buscar alguien muy talentoso que valga la mitad de tu salario, que también es un sueldazo, y regálale el salario a tu empresa sin metérsela a los costos, y de esa manera no cargas tu empresa con un salario alto, te reúnes dos o tres veces por semana con él en la noche y haces comité semanal de la empresa familiar los sábados; así, tu esposa, que es una profesional exitosa, tiene dos cabezas más pensando, un nuevo talento de tiempo completo, y a vos respaldando todo en otros horarios. De esta manera, si las cosas con la empresa no van bien, es más fácil despedir al nuevo ejecutivo, que vos salir a buscar puesto". Gracias a Dios tomó mi consejo, y hoy, después de tres años de esa conversación, la empresa se consolidó, él renunció, y ya daba para pagar el salario de los tres.

Si me preguntas, los 20 son para aprender y estudiar, los 30 para ganar experiencia y los 40 para emprender, estadísticamente hablando.

Así que hay dos tipos: los más arriesgados como yo, que vamos contra las estadísticas, y los que tienen cabeza más fría; en ambos hay casos de éxito y de derrota, pero definitivamente, entre más adulto, más las estadísticas están de tu lado.

29. LAS PREGUNTAS CORRECTAS

Cuando hablo con personas, doy charlas, conferencias y asesorías, me doy cuenta de que el 99.9% de las personas, y casi podría asegurar que el 100%, está buscando respuestas, pero te has preguntado qué pasa si empezaras a buscar preguntas, nuevas preguntas, a lo que yo llamo "las preguntas correctas", y no es que las otras estén mal, simplemente creo que si no encuentras las respuestas que buscas con las preguntas "normales" que te haces, quizá sea tiempo de cambiarlas por preguntas raras, diferentes e inverosímiles.

Si vinieras a mi casa y tomaras algún libro que he leído, lo encontrarás rayado con notas o subrayados, así que he dejado este libro con espacios para que rayes, respondas y quizá encuentres nuevas respuestas. Recuerda, no hay malas ni buenas respuestas, solo formas de conocerte a ti o a alguien más y cómo ve la vida.

Un día que estés en una casa con tus amigos tomándote un vino, saca el libro, y haces que cada uno responda una pregunta; verás cómo los conocerás más. Las siguientes preguntas servirán para ti y para que aprendas a conocerte; aunque yo siempre las hago en las entrevistas de trabajo de Elcielo, son una compilación de preguntas que he pensado, escuchado o leído y las he anotado a lo largo de mi vida.

¿Si supieras que no vas a fallar, qué harías?

_____

_____

_____

_____

_____

Sí, por un momento cierra los ojos y piensa sin límites a qué te atreverías si supieras que no vas a fallar.

¿Quién no está acá?
A veces solemos olvidar las razones o personas que no están; muchas veces estas personas nos sirven de motivación.

_____

_____

_____

_____

_____

¿Qué no hacer?
Muchas veces no sabemos qué hacer y nos preguntamos "qué hago"; si no lo tengo claro, es bueno tener completamente claro "qué no quiero hacer"; esto en inglés se llama POE (*process of elimination*) o proceso de eliminación; sirve hasta para hacer los exámenes de escogencia múltiple, si no sé cuál es la respuesta empiezo a descartar las que estoy seguro que no son; esto también sirve para la vida.

_____

_____

_____

_____

_____

¿Por qué me va bien?

Esta pregunta está muy relacionada con el *tip* "No seas víctima de tu éxito"; la mayoría de las personas cuando están mal se preguntan: "¿Por qué voy mal, qué hago?", pero casi nadie cuando va bien se pregunta con el mismo detenimiento cuándo y por qué va bien; resulta que cuando vamos bien miramos por encima y vemos solo la superficie, pero quizá una de las claves de Elcielo es que desde el principio nos hemos ocupado en entender de igual manera cuándo nos va bien y cuándo no.

_____

_____

_____

_____

_____

¿Qué me asusta del éxito?

Aunque no lo creas, el éxito asusta, a veces nos da pena o miedo triunfar, por la envidia de otras personas, o por miedo a ser juzgados; es importante que identifiques esto, lo medites y lo trasciendas, para que vayas por tus sueños sin miedo.

_____

_____

_____

_____

¿Qué no estoy viendo?

Uffff, esta es bien difícil, quizá esta no tenga respuesta ahora, pero es la pregunta que más me acompaña a la hora de hacer negocios; cuando estoy cerrando un negocio debo averiguar qué realmente quiere el otro, cuál es el motivo final que no estoy viendo mientras leo un contrato. Los abogados están entrenados para hacer contratos con tantas redundancias, que en medio de las líneas te meten algo que no ves; o tomándome un café, siempre hay alguien que mientras tú paras por un descanso está dando más.

¿Te ha pasado que alguien que dejaste de ver por unos años te lo encuentras y te das cuenta de que es una persona exitosa y tú no lo viste? Yo me alegro por esa persona pero no dejo de preguntarme "qué no vi", y no para lamentarme sino para preguntarme: "¿Qué hoy no estoy viendo que si lo empiezo a hacer ahora, en unos años me llevará a ser exitoso?". Así que jamás dejes de preguntarte, ¿qué no estoy viendo o haciendo?

_____

_____

_____

_____

¿Para qué?, no ¿por qué?

Cuando se trata de creatividad, el porqué lo es todo en mi opinión. Esto ya lo expliqué en el *tip* de crear, pero cuando se trata de aprender procesos de vida es al revés: cuando a alguien le pasa algo desafortunado se pregunta: "¿Por qué yo, por qué a mí?". Mi madre me enseñó a preguntarme "¿Para qué?, sí, ¿para qué me pasa esto? ¿Para aprender qué? Eso me lleva a observar, meditar y tomar conciencia sobre los procesos de vida que tengo delante de mí.

_____

_____

_____

_____

_____

¿Cuál es el otro lado de la moneda?

En el _tip_ del éxito lo veremos desde la perspectiva de triunfar, pero esto sirve para todo; tú no recibirías una moneda que tuviera dos caras, o dos contracaras, solo aceptas una que tenga una cara y una contracara, ¿cierto? Así que cuando discutas, medies o juzgues, ponte en los zapatos del otro.

_____

_____

_____

_____

¡Para siempre es ahora!

Aunque es una afirmación en la que creo firmemente, no la quise poner en el _tip_ de reflexiones pues te la planteo como pregunta: ¿Qué harías _ya mismo_ si supieras que para siempre es ahora? ¿O que no hay nada más que el ahora? ¿A quién llamarías, qué decisión tomarías en tu corazón? Para de leer y hazlo, hazlo ahora, este libro podrá esperar, ahí tienes ya alguna respuesta en tu corazón.

_____

_____

_____

_____

¿Qué animal serías y por qué?

Habla de la nobleza, la destreza, la lealtad, prácticamente describe la personalidad soñada como humano.

_____

¿Cuál es tu palabra favorita?

La mía era Sí, ahora es Azul, que para mí significa Sí, Amor, Felicidad, Familia, donde Elcielo y el mar se unen, y así le descubro significados cada que la miro, en fin, cuando le dices a alguien que se describa con una palabra, te dirá muchas cosas de él... En una palabra, como yo con Azul.

_____

¿Cuál es tu mayor logro?

Muchas personas no son conscientes de sus logros; cuando les preguntas y lo recuerdan sonríen y se empoderan, les cambia la cara por una de orgullo. A quién no. El problema es que todos los seres humanos podemos responder algo que nos haga sentir orgullosos, así sea cuidar la abuela un fin de semana, pero quien no responde nada por vergüenza o por no ser consciente de sus pequeños logros es una persona con poca mentalidad de ganador, si tu no respondiste nada, vuelve al *tip* de "Aprende a aprender y ten actitud" y léelo un par de veces.

_____

¿Qué me diría tu anterior jefe de ti?

Sea porque renunciaste o te echaron, lo que alguien que tuvo un cargo superior tiene para decir de ti es un punto de vista que vale la pena tener en cuenta; cuando a alguien lo echan suele reconocerlo y ponerse a la defensiva acusando a su jefe de no ser bueno. Allí te darás cuenta cómo una persona tiene la capacidad de sacar excusas, o decir: "Sí, la cagué, me equivoqué, me echaron, y acá no voy a cometer ese error".

_____

_____

_____

_____

_____

¿Cuál es tu ambiente de trabajo soñado?

Oficina, salir a las 4 los viernes, que mi jefe no me llame, aventura y viajes, o en la calle vendiendo, dice mucho sobre si el puesto de trabajo es ideal y va acorde con lo que se sueña.

_____

_____

_____

_____

_____

¿Cuál es tu trabajo soñado?

Mi trabajo soñado es ser mecánico de motos de carrera: en una entrevista para mesero, es real, esto me pasó, y le pregunté: "¿Qué haces aquí?", y me dijo: "Necesito el trabajo"; la verdad, no se lo di. Al otro día había otro que también necesitaba el trabajo pero amaba el servicio y "ver sonreír al cliente". Con las empresas no se hace caridad ni favores; con las utilidades de la empresa ya tú verás si te vas de viaje, compras cosas o creas una fundación. Ojo: "con las utilidades de la empresa, jamás con la empresa", así que si el trabajo soñado no va en la línea de lo que le estás ofreciendo no tomes el trabajo o no lo des. Otra cosa es que en la entrevista de mesero te digan: "Sueño con ser el administrador de un restaurante como este y no me importa arrancar de mesero". Esa es una persona que se proyecta y es capaz de hacer sacrificios.

_____

_____

_____

_____

_____

¿Cómo recibes las críticas constructivas? Escribe alguna que recuerdes y cómo lo tomaste.
Seguro debes tomar conciencia de cómo recibes las críticas o como las toma quien estás entrevistando; hay personas que ni bien dichas se las toman bien. Es difícil trabajar con personas así.

_____

_____

_____

_____

_____

Rápidamente, ¿cómo le describirías Instagram a tu abuela?
La mayoría se bloquea, ya está bueno que los papás pasaron a Instagram solo para ver lo que uno hace; mi papá nos sigue a los hijos, tiene su perfil cerrado y cero fotos, básicamente es una auditoria de redes sociales, pero a una abuela que no entiende las redes sociales ¿cómo se lo describirías? Este es un ejercicio de fluidez creativa y reta a las personas a explicar de manera racional algo creativo.

_____

_____

_____

_____

_____

Cuéntame alguna meta que te hayas puesto y no la hayas terminado.
Aceptar derrotas o aceptar que no hemos terminado algo es bien importante; esta pregunta en el fondo habla de la humildad para reconocer que no somos perfectos.

_____

_____

_____

_____

Después de conocerte durante una hora por primera vez, ¿cuáles son las impresiones o los valores más importantes que me debería llevar de ti?

_____

_____

_____

_____

¿Qué valores crees que serían de gran importancia para mejorar tu imagen con alguien? Esto habla tanto de fortalezas como de carencias. ¡Pilas!, a reconocer cuál es cuál.

_____

_____

_____

Descríbete en una palabra

Yo pienso en tantas, y recuerdo una de mis frases favoritas, de Thoreau: "No entiendo cómo alguien es capaz de tener una sola opinión sobre algo y conformarse con ella". Cuando leí esta frase entendí muchas cosas de mi vida; la vida nos hace escoger si administración o diseño, los amigos te preguntan, BMW o Mercedes, te preguntan si quieres ir de luna de miel a esquiar o a la playa; yo hoy me niego a responder una sola cosa, así que respondo: "Hoy, Mercedes, mañana, BMW, hoy, sushi, mañana, tacos, esquiar un año, y playa el otro". Para mí no hay nada favorito, hay muchos favoritos, no me quedo con una opinión de nada, pero llevar a una persona a decirte una palabra o color favorito o que te responda como yo te respondí te hará conocerla mejor, ya sean una o varias respuestas.

¿Qué amigo tuyo serías por un año y por qué?

Te habla primero de la capacidad de admirar los amigos, y segundo, si estás tan bien rodeado que tienes amigos que te gustaría ser.

¿Si fueras un plato/receta qué serías?

Lo primero que la gente piensa es lo que le gusta comer, pero si le dices que te responda por qué cada ingrediente, las personas harán una receta de sí mismos; te dirán que son dulces, pero que tienen picante, que son alegres, pero que tienen un balance de sal, y un toque amargo que balancea pero no daña la receta. Yo les diría que es un coctel margarita hecho con mezcal y jalapeños, mi favorito, ¡que viva México!

¿Qué tan honesto eres?

Amo esta pregunta; cuando me responden "Muy honesto", ya sé que la persona tiene una zona gris de deshonestidad.

Tú eres honesto o deshonesto, punto, no hay grises; quienes dicen que *muy* ya sabes que tienen un punto de quiebre.

¿Cuáles son tus miedos?

Qué atormenta a las personas, qué te atormenta a ti; a todos nos mueven el amor, el ego y los miedos. Conocer tus miedos o los de alguien más te hará saber cuáles son sus motores; hay momentos de la vida en los que, por no haber superado un miedo, este nos maneja y nos mueve. Es vital descubrir si un miedo es lo que te está moviendo, parar de moverte en esa dirección, enfrentarlo y luego tomar las decisiones de la vida sin él.

¿Cuáles son tus pasiones?

Las pasiones también nos mueven, pero muchas veces las dejamos en un segundo plano; una vez enfrentes tus miedos, puedes ponerlas como prioridad en tu vida, así signifique dejar el escritorio en la empresa por ir a ser profesor de *kite* en una playa. De seguro serás más feliz, ánimo, corta la corbata con unas tijeras, o mejor aún, como en una película, desnúdate en medio de la oficina, y de esta manera sabes que no hay vuelta atrás.

¡Hazlo si tienes miedo! ¡Hazlo con miedo!

¿Cuáles son tus sueños?

Los sueños deberían ser la meta de las pasiones, pero a veces tenemos esto tan poco claro que hay personas que responden: "Mi pasión es la bicicleta pero mi sueño es ser gerente de la empresa en la que trabajo". A la mierd… Con eso, alinea tus sueños con tus pasiones y conviértete en el gerente de la empresa que hace *tours* en bicicleta por Europa; de seguro, además de ser el gerente serás el guía y te pagarán por ir a montar en bicicleta a los Alpes un par de veces al año. Una vez más: ¡Hazlo si tienes miedo! ¡Hazlo con miedo!

_____

_____

_____

_____

_____

¿Cuáles son tus problemas?

Acá sí es importante clasificarlos; hay problemas por personas ancla que debes soltar y hay problemas reales con los que debemos lidiar: crisis económicas en la casa, problemas de salud propios o de algún familiar; cosas reales, de la salud poco puedo decir, pero jamás dejes de soñar y de luchar por los sueños, y de la parte económica sí puedo decirte algo: jamás, pero jamás, dejes de trabajar, así estés quebrado y no veas ni un centavo de tu sueldo. Yo he estado quebrado un par de veces y jamás dejé de trabajar y de crear. Uno de los bancos más grandes de Colombia tiene por estadística que una persona desde el momento que se declara en quiebra hasta el momento que sale de ella pasan dos años, así que si estás en este momento, recuerda que estás a dos años de trabajo duro de estar bien, de eso te doy fe.

_____

_____

_____

_____

¿Qué superhéroe serías?

Cuando salí del colegio, recuerdo que me apasionaban las ciencias políticas, la filosofía y el psicoanálisis; tuve un gran profesor en el colegio, tocayo mío, que se volvió mi maestro y me hizo enamorarme de estas materias. Él tenía los lunes un conversatorio con otros profesores de universidad, donde se sentaban a filosofar; yo, la verdad, entendía la mitad, pero me resultaba interesantísimo. Me acuerdo de un ejercicio que me hicieron sobre superhéroes y caricaturas, pues hay un estudio psicológico sobre cómo, según los miedos y sueños, admiramos un superhéroe más que otro. No te has puesto a pensar que "la Metrópolis de Superman" y "la Ciudad Gótica de Batman" son la misma ciudad, "New York", solo que una es de noche y salen los villanos y Batman se pone una máscara para enfrentarlos en la oscuridad; en cambio Superman sale de día, y, por el contrario, se retira las gafas para ser superhéroe; la Mujer Maravilla puede escapar en un avión invisible. ¿Cuántas mujeres no soñaron en sus vidas amarrar a los hombres con un lazo que no suelta o volarse en un avión invisible? En fin, qué superhéroe serías dice más de lo que piensas de ti o de cualquiera al que le preguntes.

_____

_____

_____

_____

_____

¿Cuál es tu *hobbie*?

Los *hobbies* muestran no solo los gustos sino las disciplinas y el nivel de disciplina de alguien. Si te responden: toco piano, violín o algún instrumento desde la niñez, corro maratones o estoy en un club de lectura, o *hobbies* así, te dejan saber que la persona es dedicada, disciplinada. Otros, como caminar en la montaña, deportes de agua, etc., es que es aventurero y valora la libertad; los *hobbies* artísticos te dicen que es creativo, y así…

_____

_____

_____

_____

_____

¿Qué es lo mejor y peor de las mujeres? ¿Qué es lo mejor y peor de los hombres?

Acá hay gente que se despacha contra el género opuesto, o incluso contra el propio. Yo no veo las personas por géneros sino por sí mismas y su forma de ser, pero acá podrás saber si la persona tiene alguna situación. Imagina yo entrevistando una mujer para administradora (porque casi todas las jefas en Elcielo son mujeres) y vaya a ser jefa de un restaurante con más meseros hombres, y que de repente me diga: "Los hombres son lo peor, esto y aquello", por alguna situación de su vida en el pasado; con esto sé que no será objetiva a la hora de resolver la situación con un subordinado hombre.

_____

_____

_____

_____

_____

¿Qué es lo más raro que tienes?

Jajajaj, vuelve y juega, no tengo una sola cosa rara, tengo muchas: colmillos del Amazonas, un tequila de Vicente Fernández del año que nací, una navaja de Hemingway, pero esta sí te la puedo responder en una sola; lo más raro que tengo es mi forma de ver la vida, ser auténtico, no mejor ni peor que nadie, simplemente ser raro, diferente y único, lo más raro que tengo es a mí mismo.

_____

_____

_____

_____

_____

¿Serías la persona más sexy y pobre o la más rica y fea del mundo?

Ponte a pensar: tú y tu feúra en un yate gigante, o tú y tu belleza pidiendo en la calle una limosna; no se trata de que me digas que te operas la cara con la plata, o que serías el o la mejor modelo del mundo y ganarías dinero; más bien cuestiónate, en casos extremos, si no pudieras cambiar las circunstancias, ¿qué serías?

_____

_____

_____

_____

_____

Descríbete con tres adjetivos

Acá la gente suele usar valores profundos como lealtad, respeto, honestidad, o cosas que describan su personalidad, como chistoso, amigable, sociable, etcétera.

_____

_____

_____

_____

¿Cuáles serían tus vacaciones soñadas?

Aventura, descanso, spa, rumba, muchos países, solo en una playa, etc. Te dan idea de lo que una persona sueña con hacer en su tiempo de ocio.

_____

_____

_____

_____

_____

¿Qué frase o refrán famoso te tatuarías en la piel?

"El amor encuentra caminos donde a los lobos les da miedo cazar": Lord Byron. Esta es la frase que mis hermanas y yo nos tatuamos juntos y decidimos llevar siempre.

Cuando le preguntas a alguien, podrás conocer cuáles son los valores que más le tocan el corazón; hay personas que responden frases de Dios, otras, de creer, perdonar, etc. En algunos casos es lo que la persona siente como fortaleza; en otras, de lo que carece y lo que anhela.

¿Qué cosa nueva te gustaría aprender? ¿Y por qué no has empezado?

Todos queremos aprender algo, un idioma, otra carrera, o a tocar un instrumento musical; esto habla de lo que las personas desean y las excusas que sacan para no haber empezado.

¿Cuál fue el último libro que leíste y cuándo fue?

Los hábitos de lectura son tan importantes para entrenar el cerebro como hacer deporte para entrenar el cuerpo.

A los hombres, ¿cómo está tu habitación en este momento?, y a las mujeres, ¿cómo tienes tu auto?
Es normal que los hombres tengan su auto o moto impecables, limpios y ordenados, y que las mujeres lo tengan hecho un caos, y lo contrario con la habitación: las mujeres la mantienen impecable y los hombres un caos; esto es porque nuestro cerebro duró millones de años con los hombres cazando en corceles (hoy las motos y carros) y las mujeres cuidando y organizando las cuevas o chozas (hoy los cuartos y casas), pero cuando encuentras alguien que es organizado en ambas partes, de seguro será organizado en el trabajo.

_____

_____

_____

_____

_____

Ahora bien, aprende a hacerte preguntas distintas de tu área de interés, por ejemplo, cuando cocinamos, no pensamos cómo cocinar un tubérculo o hacer un guiso, cambiamos las preguntas: ¿cómo hago un plato invisible? ¿Cómo hago una preparación volar, cómo hago una sopa frío-caliente, dulce-salada y crocante y cremosa? Evidentemente, si vas a Elcielo sabrás de lo que hablo. Así que a preguntarte cosas raras y diferentes, por estúpidas que parezcan; allí, en estas preguntas, se esconden las respuestas de los inventos que cambian el mundo.

30. LOS SOCIOS

No te exagero cuando te digo que puedo tener más de cien socios e inversionistas en diferentes empresas y restaurantes; uno va aprendiendo a reconocer qué busca cada uno y a reconocer buenos o malos socios. Hay ciertos perfiles que trato de evitar a toda costa, y con otros sé que construiré a largo plazo.

Un buen socio es lo que en inglés llaman "wingman". Tú eres un ala y él la otra, y juntos hacen un equipo que tocará el cielo, pero hay otros que son anclas, que te hundirán o en el mejor de los casos no te dejarán despegar.

Hay otro término en inglés que me gusta usar a la hora de analizar un socio, se le dice "skin in the game". Se refiere a un socio que se la suda, que deja la piel en el juego.

Pongamos de ejemplo que tienes un pequeño negocio de *brownies,* y te está yendo muy bien, estás en ese punto que quieres crecer pero no tienes el capital para cambiar el horno, porque el de tu casa no te da abasto; es en ese preciso momento en que un padre, tío, suegro o amigo aparecen y se ofrecen como inversionistas. Vieron que te está yendo bien y se quieren pegar de tu racha; quien quiere invertir rápido en la iniciativa de un emprendedor es a veces un inversor, otras es un apostador; otras veces son sanguijuelas, y pocas veces te topas con tu *wingman*. Es por eso que debes aprender a identificarlos, en medio de tu buena racha y la euforia y el entusiasmo con el que ellos pintan su inversión como una oportunidad inmejorable para ti.

Hay varios tipos de inversionistas: creen en ti, van a largo plazo y te van a ayudar a crecer; otros te pondrán dinero, no dirán nada pero te van a tocar la mesa por utilidades sin ayudarte a trabajar; en cualquiera de los casos, lo importante es dejar las cosas claras. Hay más tipos de inversionistas, ya de cara a las empresas consolidadas, como *family offices*, fondos de inversión, fondos de capital, bancos de segundo piso o banca privada, *sharks*, *startup boosters*, en fin, cada día hay más nombres. Todos tienen cosas maravillosas para ofrecerte en diferentes momentos de tu crecimiento, los grandes y los pequeños, pero todos tienen cosas que te van a amarrar y debes averiguar, antes de recibir dinero, si eso que crees bueno, que es una inversión, no termine siendo algo que te hunda, pues recuerda, el 100% de los inversionistas, sean del tamaño que sean, van por la seguridad de su inversión y sus utilidades. Son mínimos los inversionistas, como mi padre, que por el vínculo familiar creen a ciegas en las buenas y en las malas, sin hacer muchas cuentas; es por eso que antes escribí cómo trabajar en familia, porque si superas los temas personales, van a ser tus mejores socios.

Luego vienen los apostadores: son uno de los peores socios que puedas conseguir; son impulsivos y creen que porque tienen algo de dinero invertido se harán ricos solo por patrocinar tu empresa, para que tú les tengas que trabajar literalmente toda la vida; te ven ganando, te preguntan por las utilidades, no por el negocio. Quieren entrar con más desespero con el que tú los necesitas; seguro tienen algo de capital, pero probablemente sean socios que solo tienen capital para poner una vez, quedar con la mitad de tu negocio, y en un año que necesites seguir creciendo, ellos no tengan dinero, te toque diluirte más en tus acciones o ellos se vuelvan una molestia tan grande que en una discusión acaben con tu negocio, así ellos no hayan aportado ningún valor intelectual durante ese tiempo. Estos suelen ser los amigos, primos, tíos o conocidos; es por eso que pueden ser los mejores socios como te lo expliqué en el párrafo anterior, o los peores, como te lo explico en este.

Y luego, las sanguijuelas, muy parecidas a los apostadores; de hecho, se presentarán como el perfil de estos, pero a la hora de invertir más no dejarán entrar a nadie, pedirán utilidades a corto plazo y, en el peor de los casos, verás cómo te felicitan, te animan, no te ayudan y se llevan la mitad de tus utilidades. Son los más peligrosos, los que hasta te animan y felicitan a seguir pero en el día a día siguen sin ayudarte en nada, pero te mantienen vivo el espíritu para ellos seguirte chupando utilidades. Recuerda lo que decía Facundo Cabral: "El hombre hace caricias al caballo… para montarlo", así que si un socio te felicita y no hace, es hora de cortar por lo sano.

Está el *wingman*, en mi caso fueron mis padres: la cosa con estos socios ideales es que son muy escasos, pues más les interesa ayudarte que ganar utilidades, o el *wingman* que, así vaya por las utilidades, sabe que tu trabajo y el de él a largo plazo son más valiosos que cualquier capital; trabajará a tu lado, se apoyarán en los momentos personales que tenga cada uno. Si por un año uno de los dos va a ser padre, el otro es consciente de que trabajará más por ti, pero sabrá que luego tú lo apoyarás en trabajar más si él algún día tiene una situación personal. Buscan nuevos negocios para ambos, son complementarios, pues cada uno sabe temas difíciles, y juntos hacen los mejores goles, son la dupla perfecta.

Cuando hablamos ya de grandes inversionistas, son fríos, profesionales, calculadores y directos, medirán cada aspecto del negocio y luego ofrecerán la mitad de lo que vales, con el argumento de que tu negocio es muy riesgoso (y lo es); es allí cuando entran a jugar los préstamos de los bancos, este fue nuestro caso; cuando vas creciendo y crees en ti sabes que no vales la mitad, pero también sabes que una inversión de un nuevo negocio es de alto riesgo, allí entran los bancos. La gente suele odiar los bancos; este no es mi caso, yo les tengo gratitud a muchas personas de la banca que me ayudaron, pero jamás me permití ser ingenuo y pensar que un banco son las hermanitas de la caridad. A ver, ellos no están para hacernos favores, nosotros queremos su dinero, es de ellos o de alguien que se los dio para manejárselo, y si nosotros queremos ese dinero tenemos que saber que si lo perdemos en nuestro negocio, ellos se van a cobrar de varias formas; si fue poco dinero, que te lo prestan a riesgo y tú no les pagas, ellos se pagan con un seguro y de paso te reportan en un sistema nacional bancario, de manera que hasta que tú no les pagues, no podrás tener vida bancaria en ningún otro banco; esto es gravísimo porque hoy el mundo se mueve a través del sistema bancario, y si te prestaron mucho dinero se pagan con tu casa, carro, o embargan tu salario. ¿Y qué esperabas, que te perdonaran la deuda? No, así es la vida y no podemos ser ingenuos; los bancos prestan dinero, y si tú lo pierdes ellos se cobran, ¿por qué tienen que ser solidarios con tu pérdida si no van a ser beneficiarios de tus utilidades? Para mí, los bancos son de los mejores socios, ellos tienen las reglas claras, y muchas veces eres tú quien no las tiene; las personas que los odian quizá no tienen las reglas claras o son ingenuas. Ojo, sé que también puede haber casos donde los bancos se han equivocado, pero en mi opinión los bancos juegan bajo reglas claras y no se pueden salir de ellas, por estar regulados por el Estado. Si tú no eres ingenuo, si entiendes las reglas del juego sobre las que ellos juegan, son buenos socios, y lo mejor que puedes hacer es conocer el gerente, presentarle tu negocio. Mi padre siempre ha dicho: "No hay banco mejor o peor, hay gerente amigo"; otra ventaja gigante que los grandes inversionistas conocen es que siempre vas a necesitar deudas: entre más dinero tengas y ganes, entre más rico seas, más deudas tienes que tener. La razón es la "eficiencia tributaria", pues el primer socio que un negocio tiene después de ti es el Gobierno; se cobra sus impuestos por todas partes: si mueves un dedo, impuesto "al movimiento de dedo"; si estiras las piernas, te cobran el impuesto general "al estiramiento del cuerpo"; si te ríes, te cobran un "4 por risa". Todos los gobiernos son peores, es decir, escuchas a un empresario mexicano hablar mal de los impuestos, y luego llega un empresario colombiano y dice: en mi país es peor; luego un argentino dice: en mi país es peor; si hubieran empezado a hablar en otro orden, te aseguro que igual todos hubieran respondido: en el mío es peor, y hubieran contado alguna historia nefasta de los impuestos. Lo cierto es que si tu socio es el Gobierno, es como el socio sanguijuela, pero peor: no te puso dinero. Solo te recomiendo que no le quedes mal y siempre paga tus impuestos, así sea para comprar camionetas nuevas para los políticos, y a medida que crezcas busca un buen abogado tributario.

La razón por la que yo no odio los bancos y, por el contrario, creo que son una muy buena opción es porque son tus socios, no socios, ellos te prestan poco dinero cuando estás pequeño a riesgo, y mucho dinero con garantías; tú sabes sus reglas, tasas, y sabes los flujos de tu deuda: si te va bien te lo llevas todo, si no, ya sabes qué pasa. Si solo buscas dinero para hacer crecer tu marca, buscar un inversionista que solo aporte dinero es la peor opción: sale más caro que la tasa más cara del banco, aunque con el socio no estás arriesgando tu casa. Es en ese momento cuando debes tomar la decisión de cuánto crees en tu marca y cuánto estás dispuesto a perder, porque podrías perderlo todo, y si no estás dispuesto a arriesgarlo todo, busca un inversor. Sí, sí, busca el banco.

Ninguna es mejor que la otra y yo no soy nadie para decirte qué decisión tomar; cada negocio tiene distintas circunstancias.

Si eres emprendedor sabes escuchar tu corazón y asumir las consecuencias en el futuro.

Con eso no te quiero decir que los grandes fondos de capital no sean buenos; yo sueño con ser parte de uno o dos, pues sé que con lo fríos que son como banqueros, son de los banqueros de inversión que creen en marcas como Elcielo.

A medida que vas creciendo te vas dando cuenta también de que muchos de tus mejores amigos no son ni serán tus mejores socios; se dan cuenta de que su amistad maduró para aceptarse pero no para ser socios: a veces la forma de ver los números, los valores morales, la aprensión por el dinero o simplemente su forma de trabajar; este es un error que se comete a los 20 de asociarnos con nuestro mejor amigo, y muchas veces años después terminamos conociendo a un primo, a un conocido de algún amigo, y ese resulta ser tu *wingman*, pero para eso te tomará años de experiencia saber qué buscas y qué no de un socio; esto suele pasar después de los 30, y cuando llegas a los 50 ves personas que tienen el ojo tan afilado que ya ni se asocian con más de tres o cuatro personas.

Algo que sí debes buscar es crear *networking* y aliados potenciales, dar una buena primera impresión y mantener lazos con esas personas; esto lo logras yendo a ferias, conferencias, congresos y conversatorios. De hecho, hay universidades y colegios tan prestigiosos que los padres pagan matrículas y semestres costosísimos para que sus hijos estudien al lado de hijos de presidentes de empresas, entre otros; si me lo preguntas puede sonar un poco mezquino, pero si estamos hablando del mundo de los negocios, que ya de por sí lo es, y quieres que tu hijo tenga mejores posibilidades, esta me parece una gran estrategia, aunque no la aplicaré con mi hija Azul pues no la estoy educando para hacer dinero, *la estoy educando para cambiar el mundo*, así que probablemente nos encuentres en museos, en playas en brigadas de recolección de basuras, en foros ambientalistas. A mí me criaron para hacer dinero y cambiar el mundo, y espero hacer el suficiente para que ella pueda dedicarse a causas sociales en lo que ame. Y hablando de eso, y quizá no sea de este *tip*, pero la forma de medir el dinero y la riqueza cambió, como lo mencioné antes: ya la primer riqueza es la salud (por eso Azul es vegana), la segunda es la felicidad (por eso Azul es libre) y ya la tercera es el dinero, y la riqueza ya no solo se mide en lo que tengas, sino en *la relación del dinero que tengas versus lo que gastes cada año para vivir, y esto te da un determinado tiempo: entre más años más rico así tengas menos.* ¿Eso qué significa? Que si tú tienes 100 millones y te gastas un millón al año, puedes vivir sin trabajar cien años, en cambio, alguien tiene más que tú, por ejemplo, 200 millones, pero se gasta veinte al año, solo tiene para vivir diez años. En esta nueva forma de verlo, serías más rico tú y el otro sería más adinerado, tener una vida con menos gastos puede ayudarte a vivir menos años sin trabajar.

31. EL EXCEL PUEDE CON TODO

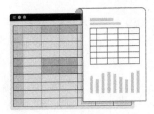

Nadie, pero nadie, hace un Business Plan o plan de negocios dando pérdida; aun así, más del 90% de estos fracasan por diferentes circunstancias en los primeros cinco años. Esta es la razón por la cual cuando yo hago un plan de negocios, creo un modelo, y en vez de ponerlo como PDF al Power Point, lo mando como un anexo en el mismo Excel para que sea el inversionista el único responsable de mover el flujo, hacer las pruebas ácidas que quiera y determine si corre o no el riesgo; lo mismo para ti: si te encuentras ante un plan de inversión en el que no puedes jugar con el flujo y llevar el modelo al punto de quiebre para que veas qué tan sensible es, y no te lo muestran, algo te están escondiendo: si el negocio es bueno, nada deben esconderte.

Otro factor importante es lo que los economistas y los administradores llaman *flujo de caja*... es quizá el secreto de la supervivencia en los nuevos proyectos; vamos a ver este ejemplo:

Tienes 100 pesos para tu nuevo negocio; la mayoría de las personas harán un negocio de 120 pesos y pensarán que con lo que van ganando pagan los 20 que faltan; el problema de esto es que si no te va bien empezarás a quedarte corto con el pago de los 20 y comenzarás a tener flujo de caja negativo, y entre más días malos, más flujo de caja negativo, y se convierte en una espiral negativa que te termina llevando a la quiebra. Esto, ni hablar de los negocios donde el préstamo es más alto.

Si yo tengo 100 pesos míos o los 100 me los prestó el banco, lo primero que hago es saber a qué tiempo y qué cuota del banco me va tocar pagar; luego realizo un modelo rentable y miro cuáles son los costos fijos del negocio, incluida la cuota del banco: multiplico por 12 (meses) esos costos y me dará, digamos, 40; eso quiere decir dos cosas; la primera es que cuando abra tengo 12 meses sin facturar nada para que mi negocio esté vivo; como uno siempre que abre, sea bueno o malo el negocio, factura algo, lo que hace es diluir esos 12 meses de flujo en dos o tres años hasta empezar a dar utilidad, porque acuérdate que los dos primeros años, el negocio de una fábrica de tenis, un restaurante o una empresa de computadores no es vender tenis, comida o computadores, sino que el negocio es sobrevivir, y eso me lleva al segundo punto, y es que solo tengo 60 pesos para montar el negocio, aun si mi negocio no se ve de 120 como el de la competencia; yo ya sé que tienen el 98% de chance de morir, y yo con esos 40 bien manejados en un negocio de 60 voy a estar en ese 2% de los vivos, porque desde el día 1 ya sé que tengo gasolina para esperar que su negocio muera y deje de ser mi competencia. Acá es donde se aplica que lo muy bueno es enemigo de lo bueno, pues lo bueno en este caso terminará siendo mejor que lo muy bueno; recuerda que en los negocios estás corriendo una maratón de 42 kilómetros, no una carrera de 100 metros planos; básicamente tienes que ser varios animales al tiempo: tienes que observar como un águila, escuchar como un gato, ser terco como una mula, astuto como un zorro, aguantar como un camello, ser agresivo (en los negocios) como un tiburón y cazar y ser líder como un lobo.

32. LO MUY BUENO
ES ENEMIGO DE LO BUENO

No sé cuántas veces le he escuchado esta frase a mi padre, es sabia, tiene que ver con la austeridad: cortar la burocracia en los negocios, no salirse de la ropa y pensar con cabeza fría. No tiene que ver nada con ser mediocre ni con no ser excelentes. Como lo expliqué en el *tip* del Excel, un restaurante muy bueno de 120 pesos puede ser muy bueno, pero es mejor uno bueno de 60 pesos a largo plazo; es muy importante jamás salirse de la ropa, no dejarse llevar por el ego de lo muy bueno si nos va a llevar a un abismo empresarial; analizar el uso y el costo que va tener algo es definitivo para determinar las decisiones en la empresa.

Otro ejemplo de cosas muy buenas podría ser una invitación de un proveedor a un viñedo, un almuerzo de alguien que recién conocemos en el mundo de los negocios, etcétera.

Hay una historia casi mito universitario donde un profesor entra a clase y escribe en el tablero *tanstaafl* y dice: quien durante la clase me diga qué significa esto tiene 5 en toda la materia durante el semestre; probablemente en ese momento no había teléfonos móviles con internet, pues si escribes esta sigla en un buscador, te darás cuenta de que pertenece a una novela llamada *The Moon Is a Harsh Mistress* (La Luna es una cruel amante) de Robert A. Heinlein, un escritor norteamericano de ciencia ficción. La sigla *tanstaafl* dejó con la cabeza dando vueltas a los alumnos de economía de una de las mejores universidades del mundo, hasta el final de la clase, cuando el profesor, un erudito en economía, les dice: "Quien hubiera sabido y entendido el significado real y profundo de lo que representaba esto, probablemente ya sabría suficiente de economía". *Tanstaafl* significa "There Ain't No Such Thing As A Free Lunch" o "No existe tal cosa como un almuerzo gratis", nadie jamás, salvo tu familia y un par de amigos, te va a invitar a un almuerzo gratis, todos quieren algo, es tu misión averiguarlo lo más rápido posible, aunque te aseguro que el 99.9% de las veces será dinero.

33. LA EXCELENCIA

De la excelencia hay tanto por decir, pero al mismo tiempo siento que todo se ha dicho, mi visión de la excelencia tiene que ver con dos cosas:

La excelencia no es
perfección, la excelencia
es la búsqueda de
la perfección, así nunca
se encuentre.

La excelencia se logra a
través de la maestría,
la maestría a través de la
experiencia de los años,
la experiencia con la
dedicación de los días,
y la dedicación empieza
con la decisión y el sueño
de un instante.

34. LA FORMA MÁS FÁCIL DE QUEBRARSE ES CRECIENDO

Los emprendedores exitosos reciben más aplausos que dinero; recuerdo que era septiembre de 2013, recibía en Lima un premio por ser uno de los 50 mejores chefs de Latinoamérica y el más joven de los 50, y no tenía dinero para ir a Lima a recibir el premio; compré el tiquete con dinero de Elcielo y me quedé en la casa de Jürgen. Estaba feliz y no me importaba el dinero, pero fue allí donde aprendí que el éxito del emprendedor es el aplauso, y no el dinero. Se hace más evidente cómo los emprendedores no ganan dinero, y si te dijeron que lo hacían, también te mintieron: los empresarios ganan dinero mientras los emprendedores lo invierten en volverse empresarios o lo pierden intentándolo; sé que me dirás que un amigo es emprendedor porque vende *brownies* en la escuela que hace en su casa y gana dinero; probablemente gane un dinero decente, al punto que se ayude a pagar sus estudios o el mercado de su casa, pero vamos más a fondo: a pesar de que esto es muy digno y es una extraordinaria forma de ganarse la vida de miles de personas que no tienen un empleo formal, es bien importante entender que llevar cualquier emprendimiento a la formalización de una empresa es un camino bien difícil, por más exitosos que sean los *brownies*. Cuidar el crecimiento es vital porque la forma más fácil y dura de quebrarse es creciendo. Miremos el caso de dos amigos que venden *brownies*:

Nuestro amigo "A" vende 50 *brownies* al día a $2.000 en el colegio y su utilidad son $1.000 pesos por *brownie*, vende 20 días al mes, o sea que se gana 50 mil al día y un millón al mes; esto en mi país es un poco más de un salario mínimo mensual; si los vende en el descanso o mientras estudia, genial, pues estudia y trabaja.

Nuestro amigo "B" vende igual que "A" en otro colegio, pero a "B" le da la grandiosa idea de montar su empresa; es cuando decide registrar la marca, sacar un logo, empaques, montar una cocina de producción; como él no tenía el dinero, pidió o le ofrecieron invertirle $5 millones, entonces compran horno, montan cocina de producción, contratan a alguien que les ayude a cocinar y arrancan a pagar arriendo, impuestos, empleados, y el 50 de utilidad que dejaban los *brownies* ya se volvió una utilidad variable que cambia de acuerdo a las ventas, los gastos fijos y los gastos variables, y resulta que para ese momento deben vender más producto con menos utilidad apenas para sostenerse, y luego, si tienen utilidades, tendrían que dividirlas entre 2, es decir, que aunque llegaran a facturar más, el amigo número uno estaría trabajando para vender el triple o cuádruple, y seguro se estaría ganando la mitad, "eso es ser emprendedor, eso es hacer empresa", y para eso hay que tener unas características únicas como ser cabeciduro, olvidarte del dinero y creer a ciegas en tu marca, y vuelvo y repito: creer en tu marca, porque buen negocio no es, es más cómodo quedarte ganando un dinero en tu zona de confort, pero si en lo que crees es en tu marca y no lo haces por el dinero, te vas a aguantar este periodo de trabajar el triple para ganar la mitad, solo debes ser consciente de que esto te pasará, y aceptarlo.

35. CÓMO PEDIR UN PRÉSTAMO SIN FLUJO DE CAJA

Cómo pedir un préstamo al banco cuando tienes un problema de flujo de caja sería el nombre largo de este *tip*; no creo necesario explicarte cómo pedir un préstamo normal, eso ya está inventado, pero un día alguien conocido tuvo la siguiente situación:

Tenía una empresa exitosa, sin embargo, crecer duele por el endeudamiento, los sacrificios, la cantidad de trabajo y el flujo de caja; fue así como un día después de hacer una gran inversión de crecimiento entre dinero suyo y el del banco, los flujos no le empezaron a dar para pagar los costos mensuales y la deuda; acá se juntan los *tips* de "La forma más fácil de quebrarse es creciendo", el del Excel, donde hablamos de los flujos, y el de lo bueno y muy bueno. Él sabía que estaba quedando mal en los bancos y que no le iban a prestar más dinero, y si lo hacían, le cobrarían tasas altas por refinanciación de deuda; supongamos que el con 500 pesos salía de las deudas a corto plazo y unificaba en una grande a largo plazo todo y salía del problema; el mes anterior había vendido su carro en 100 pesos y los había invertido al negocio, pero el flujo negativo se lo había llevado todo y no le había resuelto el problema, seguía igual; él tenía su casa propia, así que decidió hacer una astuta, completamente legal, arriesgada y creativa jugada: fue a otro banco, hipotecó su casa por 200 porque no le daban más; sabía que si se los invertía seguiría con cuotas altas y flujo negativo, entonces fue cuando puso ese dinero en su tarjeta de crédito y se fue de *shopping*… a su propio negocio durante tres meses, es decir, en vez de meter dinero como préstamo de socios, le metió facturación, pero esto ¿qué significó? Lo primero fue que sacrificó los impuestos, pues los tenía que pagar como consumidor, y luego como empresario dárselos al Estado; lo segundo negativo es que ese dinero no lo podría sacar como préstamo sino que se le fue como gasto, y el día que los saque los deberá hacer como utilidades y pagar los impuestos de estas (ya vez que el Estado te cobra impuestos por moverte). Pero ¿dónde está lo positivo de esto y la razón por la que lo hizo? Él sabía que un analista financiero para prestar dinero pide cierre de año anterior y los últimos tres meses del año corrido, así que presentó el cierre del año anterior, que era muy bueno, y los extraordinarios balances del dinero que se había gastado en su propio negocio durante los últimos tres meses, gracias a que subió las ventas y de paso se puso al día con las cuotas, entonces le dijo al banco: "Necesito 500 pesos porque voy bien y voy a seguir creciendo". El banco se los dio a largo plazo y a tasa baja gracias a esos tres últimos meses de buena facturación que él le había generado a la empresa y así logró pagar sus deudas de corto plazo, mejoró su flujo y en tres meses había salido de la quiebra, también pudo cancelar la hipoteca de su casa y recuperar su carro; eso sí, tuvo que trabajar mucho, pero no solo fue su trabajo sino su genialidad los que lo sacaron de la quiebra, ¿quién será ese amigo genio?

36. SOMOS LOS MICOS MOJADOS

Amo este ejemplo, porque en realidad el equipo primario de Elcielo, más que compañeros, somos familia y "somos los micos mojados". Mucha gente de la industria de la hospitalidad y clientes que trabajan en otras cosas, nos suelen preguntar: ¿cómo le hacemos para crecer? ¿Cómo logramos mantener la calidad en más de doce negocios y seguir creciendo? A lo que les respondo: "Somos los micos mojados".

Micos y bananos

Hace un tiempo un grupo de científicos puso cinco micos en una jaula y en el centro pusieron una escalera, y sobre ella, un racimo de bananos.

Cuando uno de los micos subía la escalera para coger los bananos, los científicos lanzaban un chorro de agua fría sobre los que se quedaban en el piso.

Pasado un tiempo, los micos aprendieron que había una relación entre tomar los bananos y el agua helada, de modo que cuando un mico iba a subir la escalera, los otros lo bajaban y le daban una paliza, y al tiempo ellos aprendieron que no debían subir a tomar los bananos.

Luego los científicos reemplazaron uno de los micos por uno seco.

Lo primero que intentó hacer el mico seco al ver los bananos fue subir la escalera a tomarlos; los otros, rápidamente, lo bajaron y le dieron una paliza antes de que saliera el agua fría sobre ellos.

Después de algunas palizas, el mico seco aprendió a nunca más subir por los bananos.

Los científicos decidieron reemplazar un segundo mico mojado por uno seco y ocurrió lo mismo con el que entró, pero lo interesante fue que el primer mico seco también ayudó a darle la paliza al segundo mico seco.

Un tercer mico mojado fue reemplazado por uno seco y sucedió lo mismo, ya los dos secos participaron, y así con el cuarto, hasta que llegó el quinto mico seco y los cuatro micos secos le dieron la paliza al quinto.

Los científicos se quedaron con un grupo de cinco micos que, aunque nunca recibieron un chorro de agua fría, continuaban golpeando a aquel que intentaba llegar hasta los bananos, sin saber por qué.

Si fuera posible preguntar a alguno de ellos por qué pegaban con tanto ímpetu al que subía por los bananos, con certeza esta sería la respuesta: "No lo sé. Aquí, las cosas siempre se han hecho así".

Este ejemplo ha sido explicación de situaciones de comportamiento de la sociedad ante la política o en las empresas para determinar por qué la gente es mediocre en ellas y nunca cambia, pues porque así se han hecho toda la vida, como los micos mojados, pero yo decidí usar ese paradigma para bien, pues si las personas pueden ser programadas para ser mediocres, también pueden ser programadas para ser excelentes, así que decidimos usar este paradigma para transmitir nuestro ADN. La única diferencia es que los nuevos sí saben y sí les enseñamos por qué hacemos las cosas, el amor y nuestro ADN; de esta manera, cuando vamos a abrir un restaurante, empezamos a montarlo unas tres personas el primer mes, unas siete ya están en el segundo, y para el tercer mes ya hay unas diez personas de Elcielo que tienen el ADN. En el primer mes, a su vez, entran unas cinco personas, futuros líderes de cada cargo, a trabajar en otros restaurantes de la empresa, a adquirir el ADN y que vean cuánto y cómo trabajamos, a vivir el terreno; mientras tanto, nosotros diez seguimos en el taller creativo montando el restaurante sin ellos. Un mes antes, los traemos durante el día al taller a trabajar con nosotros, y en la noche siguen en sus trabajos temporales; el día de la apertura estamos los quince, y la primera semana entran dos o tres personas, que son nuevos micos secos; así van pasando las semanas mientras nos vamos reemplazando nosotros mismos, los micos mojados con micos secos, que adquieren de una el ADN y los protocolos de la empresa, y si vemos que hay un mico que quiere las bananas para él, lo bajamos, y en vez de darle una paliza, como en el paradigma, simplemente lo despedimos. Ya ves por qué somos los micos mojados y felices.

37. EL ÉXITO

Antes de hablar de éxito debemos entender su significado; yo lo veo de dos formas: una es la que el mundo considera como éxito, y otra es *lo que yo creo que es el éxito*. Para mí, el éxito significa mi familia, hacer lo que amo y paz interior. Sin embargo, vale la pena hacer una reflexión sobre lo que son los triunfos y los logros profesionales en la vida, lo cual se suele conocer como éxito.

Al igual que de muchos aspectos de este libro mucho se ha dicho, y a mí me gusta buscar siempre puntos de vista diferentes, por eso me gustaría hablar sobre "no ser víctima de tu propio éxito", y tiene que ver con no sufrir de exceso de confianza o de conformismo. Vamos a poner un ejemplo de un medallista olímpico que practica el salto con garrocha. La fuerza clave detrás de su arranque no solo depende de la potencia física del momento del salto; detrás hay varias cosas importantes como el esfuerzo, la preparación, el sacrificio, la educación, y disciplina de años. Para un saltador de garrocha el éxito es saltar muy alto una barra y no tumbarla: este corre hacia la barra, salta, y en el momento que está cayendo hacia la colchoneta sin tumbarla y cae en la colchoneta, empieza el estadio a aplaudir el nuevo récord; se inicia lo que la sociedad llama *el éxito*, vive la gloria del triunfo o del éxito; en ese momento siente que lo logró. Cuando el atleta se para de la colchoneta, el estadio entero lo está aplaudiendo, él disfruta de ese éxtasis, y entonces mira la vara intacta y ve la marca de su éxito.

A partir de ese momento de brillo, el éxito le muestra el lado oscuro, una cara que le dice que si en los próximos olímpicos, o en la próxima competencia, él no salta un centímetro o dos centímetros más por encima de esa barra, él se convertirá en la propia víctima de su éxito porque no se pudo superar a sí mismo. La mayoría de las personas, cuando tienen un logro, se quedan celebrándose a sí mismas más del tiempo debido y se convierten en víctimas del éxito.

El caso del garrochero me hace pensar en artistas que, más allá de un *hit* inicial, logran mantenerse vigentes; de entrada, pienso en mis artistas favoritos, como Marc Anthony o Vicente Fernández, y ustedes pueden pensar en muchos otros. Ellos logran que cada canción que lancen se vuelva un *hit*, no se celebran tanto a sí mismos, sino que se ponen a trabajar de inmediato para no ser víctimas de su éxito; en cambio podrás recordar algunos otros que jamás se reinventaron y fueron víctimas de su éxito. Así mismo, tu *yo* del futuro tiene que ser mejor que tu *yo* del momento. En mi caso, siempre tuve claro desde el principio que siempre tenía que estar en movimiento inventando nuevas experiencias a través de mis platos, y jamás quedarme celebrando mucho alguno; dicho de otra forma, preocupándome cuando me iba bien, entender por qué me iba bien y superarme a mí mismo, y haciendo que los clientes encuentren un nuevo Elcielo cada que nos visiten a través de las experiencias.

38. DE EMPRENDEDOR
A EMPRESARIO

En Medellín, emprender, más que una moda, es parte de nuestro ADN. Reconocer eso está bien. Pero inmediatamente estoy de acuerdo con esto, otro disparador del cerebro me dice: "No tragues entero", y acá —tratando de dar cabida al ejercicio de tener múltiples conceptos sobre una misma idea— hago el siguiente análisis: Medellín es hermosa, es innovadora, es más segura que hace veinticinco años, tiene más proyectos de emprendimientos y emprendedores que ninguna otra ciudad en Latinoamérica.

Pero el error consiste en cómo abordamos el tema: hacer empresa, emprender, innovar y ser creativos. El verdadero orden es creatividad, innovación, emprendimiento y hacer empresa. Hoy tenemos grandes foros que incentivan el emprendimiento, mientras que en las universidades poco se habla de innovación real, que se confunde con una mal fundamentada creatividad, y algo peor aún pasa en las escuelas y los colegios, porque nuestro retrógrado sistema educativo mata la creatividad de los niños... Muchos hoy viven a punta de drogas contra la hiperactividad, para que pongan toda su atención a una aburrida clase.

Yo fui diagnosticado con dislexia y déficit de atención, pasé por seis colegios, tres universidades, y nunca me gradué, pero mis padres nunca me dejaron medicar. Hoy, gracias a que mis padres abrazaron e impulsaron mi creatividad, a falta de un cartón universitario, he recibido dos órdenes del Congreso de la República, he sido reconocido como artista, como líder de paz y como uno de los mejores cocineros de América Latina, porque mis padres no solo no dejaron que el sistema matara mi creatividad, sino que la incentivaron apoyándome en las actividades y los deportes que yo quisiera practicar.

Empecé mi vida laboral a los 16 años; hoy "trabajo", entre comillas, entre 12 y 18 horas al día en mi sueño, en mi empresa, y amo lo que hago; casi nunca me estreso, más allá de ocuparme de los problemas, y nunca preocuparme de las suposiciones logrando ser feliz.

Hace tres años pasé más de cinco días en una playa haciendo nada en mis últimas vacaciones. Casi me enloquezco pensando en lo divertido que sería llegar a trabajar en mi empresa; cambié el tiquete y me devolví. En ese momento me diagnostiqué a mí mismo: después de veinte años de pensar que tenía un déficit de atención, de lo que padezco es de un exceso de atención y foco en lo que amo; solo me enfoco en lo que disfruto y lo demás no me importa, empezar por la creatividad es parte del orden que debes seguir para emprender.

Luego debes crear algo innovador, es decir, algo creativo pero comercial; con él debes probar el mercado, mejorar tu producto, enfocarte en darle valor a tu marca a través de las experiencias que generas y luego crecer con pasión pero con cabeza fría. ¿Recuerdas el final del *tip* "La forma más fácil de quebrarse es creciendo"? Bueno, esa es la transición más dura: una vez innovas y montas tu negocio, ¿cómo volverlo una empresa? Esa es una fase nueva en tu vida y la de tu empresa, pues cuando eres pequeño vas solo por la utilidades; luego cuando te formalizas vas fortaleciendo tu marca y empresa pero esta formalización trae consigo una necesidad nueva y es la eficiencia tributaria, que al mismo tiempo va robusteciéndola con solidez; esta solidez, este crecimiento y necesidad de ser eficiente en los impuestos harán que tu empresa gane valor, aunque estés en definitiva sacrificando utilidades; en este instante estás pasando de ser un pequeño negociante informal a ser una Pyme (pequeña y mediana empresa), vas a sufrir el flujo de los impuestos y altos costos; es quizá el momento más difícil de una empresa, pero si lo pasas, vas camino a la consolidación empresarial. Luego de pasar esta nueva fase de consolidación, sacrificio y pocos dividendos, todo empieza a normalizarse y comienzas a ver más utilidades gracias al tamaño de la empresa; entonces cuando sientes la inercia del negocio, cuando empiezas a sentir flexibilidad económica y comienzas a dejar de sentirte ahogado, es cuando finalmente eres un empresario.

39. REFLEXIONES Y FRASES

Estas son frases de célebres pensadores, de libros o mías; de algunas no recuerdo el autor, así que si ves alguna sin el autor, mi intención no es no reconocer su autoría.

- Hazlo, si sientes miedo, hazlo con miedo.
- Si todo te dice que sí y tu corazón que no, entonces ¡NO!
- Si todo te dice que no y tu corazón que sí, entonces ¡SÍ!
- Una idea es la perfecta combinación entre la capacidad intelectual de los seres humanos, la pasión y la fuerza que tienen en sus corazones para ejecutarla.
- Nos han enseñado que siempre hay que estar con los amigos en las malas, sin embargo la vida me ha enseñado que es igual de noble e importante estar con ellos en las buenas. Pues en las malas no sacrificas tu ego y al verlos mal se te hará más fácil acompañarlos porque tú estás mejor, pero cuando realmente compartes en las buenas con tus amigos les demuestras tu capacidad de acompañarlos por encima de tu ego.
- No concibo nada más caliente que el fuego que yace en mi corazón, quema mis miedos más profundos, me calienta del frío de la soledad y me hace arder en pasión por lo que amo.

- La creatividad tiene que ver más con sentir que con pensar, más con reír que con analizar, más con no tener miedo a perder que con querer ganar.
- Perder al intentarlo es la primera victoria, no perder por miedo a intentarlo es el mayor fracaso.
- El amor encuentra caminos donde a los lobos les da miedo cazar. Lord Byron
- El futuro es la tensión entre las tecnologías distintivas y los nuevos comportamientos humanos.
- Emprende un camino a ser vegano, así quedes en la mitad del camino.
- Me he equivocado miles de veces en mi vida. He quemado muchas preparaciones. He cerrado restaurantes. He estado en bancarrota dos veces. He tenido clientes insatisfechos y críticos implacables. He discutido con mi familia y amigos. He errado una y otra y otra vez… me he levantado todas las veces que me he caído y por eso es que he tenido éxito en mis proyectos y en la vida en general.
- "La salud de una ciudad cambia si todos nos lavamos las manos", dice Bernardo Toro, y esto simplemente demuestra que las pequeñas acciones hacen los grandes cambios.
- Una de las grandes cosas que he logrado es tejer lazos entre mi imaginación y mi realidad para poder crear las cosas con las que sueño.
- La guerra contra las drogas trajo más drogas. La guerra contra el terrorismo trajo más terrorismo. Quizá deberíamos emprender una guerra contra la salud y la paz.
- Soy una de esas personas que consideran que la cocina es unas de las últimas formas de magia que existen.
- Es bueno hablar de las obsesiones. Yo vivo de mis obsesiones y luego de ahí salen mis platos.
- Siento que viví la mayoría de mi vida dividido entre dos estados: miedo y amor, miedo al amor y amor con miedo,

hasta que el amor venció el miedo y allí aprendí a amar con libertad, a estar solo, y luego te encontré para amarte, solo para amarte. Para Manu.

- Ser humano es difícil y alguna gente lo hace más fácil.
- El mundo les abre paso a los hombres que saben adónde van.
- No me gusta mucho dormir, a menos que sea acompañado; siento que pierdo tiempo de vida, duermo cuando me muera.
- Siempre que me despido de mi madre, así sea por una noche, nos decimos "te amo, fue una vida extraordinaria al lado tuyo, nos encontramos en el universo"; uno no sabe cuándo es la última vez.
- Fui criado por dos titanes (mis padres).
- He conocido líderes espirituales, ninguno como mi madre.
- Los indígenas dicen que mi madre es una enlazadora de mundos, ha ayudado a morir en paz a muchas personas; ella me enseñó a enfrentar mi miedo a la muerte.
- Moriré sonriendo, eso lo sé.
- No entiendo cómo alguien puede tener una sola opinión sobre algo y conformarse con ella. Thoreau
- Nunca entendí las fundaciones para perros, ¿no deberían ser todas para humanos o para el medioambiente?
- No termino de entender a las personas que adoptan un perro callejero, para darle cuido que viene de gallinas y marranos maltratados, que recogieron al lado de un humano que también estaba en la calle (las respeto pero no las entiendo).
- El mundo es insostenible sin abejas y seguimos salvando perros.
- No tengo nada contra los perros, pero no son los que hay que hay que salvar.
- A estas alturas, de los únicos que acepto la primera piedra es de los veganos.
- Mi padre es de otro tiempo, lo hicieron para nunca rendirse.

- Mi padre me enseñó el coraje, la tenacidad, la templanza, la fuerza del ser en todas sus formas.
- La razón por la que tienen más éxito las fundaciones de animales que las de humanos es porque la gente prefiere ayudar mediocremente al animal porque este no la va a juzgar (no es una opinión, está comprobado).
- Mientras medio mundo hace dieta, el otro medio se muere de hambre.
- No creo en un Dios superior, creo en un Dios total. Lo que en la ciencia se llama Cosmos, "todo lo que es, fue y será".
- Ahora sí tenemos medio ambiente, ¡ya matamos el otro medio!
- Las grandes corporaciones hoy no pueden comprar la pasión de los *millennials*, y por eso están migrando a empresas con ADN.
- El poder hoy no es la información, sino la velocidad de clasificación y el análisis de esta.
- El mercadeo de escasez está dándole una paliza al mercado del lujo. Ya no se trata de lo que otros no pueden comprar, se trata de lo que los otros no pueden tener.
- Todos deberíamos tener un *sharpie* en la ducha, es el mejor *Think Tank*, solo que sería irresponsable con el medioambiente.
- Todo va muy rápido, por eso me gusta ir en el vagón de adelante sintiendo el viento.
- La cocina es la forma más pura de hacer humor, medicina, política y magia.
- La cocina es un arma de transformación social. Ferran Adrià.
- Comer es el acto más social de los seres humanos, ahora comemos por nuestros iPhones para socializar.
- Comer es la red social más grande, más grande que Instagram o Facebook. Alex Atala.
- Me gusta un poco el amor extremo.

- Cambiar de opinión es de sabios, y no hacerlo, de tercos.
- Dar una segunda oportunidad es de sabios, y una tercera, de tontos.
- No me gusta estar cómodo en mi trabajo, me vuelve mediocre.
- Desde que me dediqué a Elcielo siento que no he trabajado un día de mi vida.
- Creé mi propio empleo, por eso vivo en vacaciones.
- Si estás a dieta no merques con hambre.
- El cliente en Elcielo es un príncipe, se le trata como un rey, pero no se le deja reinar.
- ¡Al salón de los vencedores llegas solo! Nadie te va a ayudar.
- Colombia hoy es una emprendimiento en sí mismo.

40. LA RECETA DEL ÉXITO

La herramienta más grande, hermosa, poderosa, vivaz, tenaz, estoica y capaz que algún día tendrás en la vida eres tú, tú completo: tu cuerpo como instrumento, tu espíritu como tu guía y tu pasión como gasolina inagotable para alcanzar tus sueños y todo lo que te propongas, pero la cosa más importante que tendrás después de ti mismo será tu familia. No hay regalo más grande, no encontrarás héroes más grandes en ninguna historia que los que encontrarás en las historias de las familias.

No hay personas más bondadosas en ninguna religión que las que encontrarás en una familia, no hay sacrificio más grande de ningún Dios que el que hacen los miembros de una familia por uno de los suyos; creas en el Dios que creas, estoy seguro de que crees que algún ser superior creó tu familia y te puso en ella, así que no sientas miedo de pensar que tu iglesia, tu religión, tus creencias y tu Dios están en sí mismos representados en tu propia familia.

En la vida podrás tener excompañeros, excompañeras, exnovias, exnovios, examigos, examigas, exmaridos y exesposas, pero algo que jamás podrás tener son exhermanos, exhijos o expadres, jamás tendrás una exfamilia. Eso no existe, por una sola razón: no hay nada más grande que la familia. Allí empieza todo: la conciencia de la vida, la unión, el apoyo, las alegrías, la comida y la alimentación, la empresa, el apoyo incondicional, la religión, la espiritualidad, las creencias, el emprendimiento, las ideas, la creatividad, la solución de las dudas, los logros, las costumbres, todo empieza ahí, o como prefiero decirlo en mis propias palabras, "nada, no, empieza allí", aun si tu familia son amigos que se volvieron tus hermanos y hermanas.

Como te lo he mencionado, a finales del milenio pasado, apenas hace 18 años, hasta ese momento una persona rica era aquella que poseía un millón de dólares; esta escala de posesión medida por el dinero, oro o propiedades venía de siglos atrás. El mundo cambió tanto en los últimos cuarenta años, que las escalas de riqueza empezaron a ser revalidadas, y cambiaron aún más al cambiar de milenio, es decir, hasta 1999 los ricos se clasificaban por su dinero, y luego del 2000 se comenzó a redefinir esto. De acuerdo con las circunstancias que vive cada persona en la realidad particular del mundo hoy, la escala quedó estructurada por los siguientes factores, en este orden: Salud, Felicidad, Libertad, Dinero y Conocimiento.

Es decir, hoy las personas con mucho dinero son simples adinerados, pero hoy a los ricos del mundo nos miden por otras características, y por eso me incluyo.

Salud: las personas más ricas del mundo son todas las personas que gozan de buena salud. Así de fácil: "no te duele una muela", no tienes enfermedades graves o terminales. Eres rico, *muy* rico. Analiza esto: hay exámenes de corazón que valen 300 mil dólares, solo porque te hagan ese examen, sin contar el procedimiento; existen tratamientos experimentales contra el cáncer u otros males que son impagables. No en vano, la salud es uno de los mejores negocios del mundo; solo desde el punto de vista económico, mantener tu salud es el mejor negocio. Sé práctico:

un enfermo no trabaja ni produce lo mismo que una persona saludable, y además requiere alguien más que lo cuide, por lo que toma dos o más personas que no trabajan para cuidarlo; por eso, hoy no hay mejor negocio que pagar un seguro de salud y vida —si tienes familia y lo puedes costear, ya existen seguros de vida en vida para discapacidades—, y seguros de vida, ya que si mueres les dejarás algo a tus hijos; así que espero que valores tu salud pues tu cuerpo es tu mayor herramienta, y si eres una persona ambiciosa, *workohólica* o estresada, recuerda que estás yendo en contra de tus finanzas pues el estrés es el mayor corrosivo del cuerpo, de las finanzas y de la familia.

Felicidad: es algo inmedible, y esto es lo bonito de la historia: cada cual puede ser feliz a su manera, y entre más feliz se sienta, más rico es.

La *felicidad* como concepto tiene mucho o todo que ver con "la paz interior", más que con la alegría en sí. Es decir, que aunque sea importante estar alegre, si no sientes paz interior, la alegría solo será momentánea. Así que busca tu paz interior y aprende a disfrutar los pequeños detalles de la vida, el atardecer, la patineta, el mar, y entiende que entre más feliz seas con menos cosas, entre menos dependas de ciertas cosas, más rico serás, y ningún economista podrá decirte que no eres más rico que otra persona que tenga un auto costoso y muchos gastos; fue así que entendí o más bien sentí el significado verdadero de "la contemplación" porque antes sabía su significado, pero solo cuando dejas de ver atardeceres, y empiezas a sentirlos a través de una mirada clara y un corazón en paz, es cuando comprendes el real valor de la contemplación.

Libertad: si estás leyendo este libro, lo compraste o te lo regalaron, estás en libertad no solo de recibirlo, de leerlo, sino de vivir en libertad. Probablemente se te haga extraño que la *libertad* sea un concepto tan relacionado con la riqueza; pero hay muchísimas personas en el mundo que carecen de libertad; están esclavizadas, secuestradas, o como en algunos países, están restringidas culturalmente de muchas libertades. Miles de mujeres en Medio Oriente o África no tienen la libertad de escoger, educarse, o simplemente decidir qué tipo de ropa quieren usar; no es en vano que el país ícono del capitalismo del mundo, Estados Unidos, se venda a sí mismo como "The Land of Freedom" ("La tierra de la libertad").

También existen muchas formas de no sentirnos libres —por rechazo social, por estereotipos, por las expectativas que sobre ti tenga algún familiar—, ser algo que otro quiere que seamos, y no lo que nosotros queremos ser. O estar en una relación "ancla" con una pareja que amas, pero que no te deja progresar. O tener amigos anclas, que por más que los queramos, nos frenan. Es tiempo de cambio, es momento de tomar tu vida en tus manos y cortar cualquier cadena que te ate. Y no pierdas tu libertad, pues es un activo para ser más productivo, más feliz, estresarte menos y tener más salud, y así ser más rico.

Dinero: llegó la hora de comprender qué tiene que ver realmente con riqueza. No nos neguemos que es muy buena la sensación de disponer de mucho dinero, más del que necesitamos para vivir; el ego crece, eso nos hace sentir grandes, independientes y exitosos; así sean 10 dólares de más para poder invitar a todos los amigos a cerveza, o una suma más cuantiosa para comprar tu casa. La sensación es increíble, no lo voy a negar. El día que lo tengas, disfrútalo, pero acuérdate de mí por esto: el dinero, así como el ego, no son tus enemigos, no son malos, como muchos dicen, simplemente debemos trascenderlos, tener más conciencia que dinero y verlo como un medio y no como un fin.

Conocimiento: ¿recuerdas el dicho que reza "el que sabe, sabe, y el que no, es el patrón"? Los patrones muchas veces no saben hacer cosas y ponen a sus trabajadores a hacerlas mediante órdenes. Esa época se acabó; hoy, quien tiene el conocimiento tiene el potencial, y debe tener también determinación y fuerza en su corazón para aplicarlo, pero definitivamente la educación hoy es la mayor herramienta existente, tanto económica como social. Investiga los tipos de inteligencia que existen, para que descubras dónde está tu potencial; también, estudia idiomas. Por muchas razones, los idiomas hacen a las personas más inteligentes; además, una hoja de vida será más fuerte entre más idiomas tengas. En la búsqueda de trabajo en cualquier oficio —bien sea el de un abogado, un cocinero o un mesero—, si alguien en una hoja de vida o *currículum vitae*, además de experiencia, dice que habla cuatro idiomas o más, el que no lo contrate está loco.

Así pues, la receta del éxito está en el amor que les tengas a tus sueños, la pasión en tu corazón, tu estoicismo cada día de trabajo, tu familia y los amigos que se vuelven hermanos; conviértete en el héroe de tu historia, cree en ti, sé la mejor versión de ti mismo y has realidad tus sueños.

Ser feliz con lo que haces, no con lo que ganas...

...NO ES EL FIN...

"No hay sueño en tu corazón, que no haya nacido en el corazón de Dios."